高职院校公共课系列“十三五”规划教材

应用写作与实训（第二版）

主　编　朱　立
副主编　徐　珮　徐红霞
参　编　朱　立　徐　珮　徐红霞　卢小萱　陈立光
　　　　熊　波　王丽娇

WUHAN UNIVERSITY PRESS
武汉大学出版社

图书在版编目(CIP)数据

应用写作与实训/朱立主编 .—2 版.—武汉：武汉大学出版社，2018.8
(2021.8 重印)
高职院校公共课系列“十三五”规划教材
ISBN 978-7-307-20428-7

Ⅰ.应… Ⅱ.朱… Ⅲ. 汉语—应用文—写作—高等职业教育—教材
Ⅳ.H152.3

中国版本图书馆 CIP 数据核字(2018)第 167165 号

责任编辑：胡 荣 责任校对：汪欣怡 版式设计：汪冰滢

出版发行：**武汉大学出版社** (430072 武昌 珞珈山)
(电子邮箱：cbs22@ whu.edu.cn 网址：www.wdp.com.cn)
印刷：武汉图物印刷有限公司
开本：787×1092 1/16 印张：10.75 字数：241 千字 插页：1
版次：2013 年 8 月第 1 版 2018 年 8 月第 2 版
2021 年 8 月第 2 版第 6 次印刷
ISBN 978-7-307-20428-7 定价：35. 00 元

第二版前言

应用写作是每个现代人必须掌握的工具之一，也是当代高职学生必须具备的技能之一，应用写作作为一门重要的公共基础课，日益受到高职高专院校的重视，绝大多数院校都开设了这门课程，学生在校期间通过系统学习和严格的训练，就能掌握应用写作基本技能，因此，教材建设是实现应用写作良好教学效果的基础。

《应用写作与实训》第一版于 2013 年 8 月出版，受到各方的肯定和好评，已历经了五年教学实践的检验。为满足高等职业教育教学更新更高的要求，在广泛征求教材使用单位的意见后，我们在第一版的基础上进行了全面系统的修订。

修订后的教材以“必需、够用”作为应用写作理论和写作技能训练内容的编写标尺，重在培养学生实用性、职业性素质及能力，突出了以下几个特色：

1. 以应用写作能力培养为中心，是本书的编写思路。提高写作能力是学习写作的主要目标，本书按照兴趣激发、知识借鉴、实践训练的顺序，围绕写作能力培养的规律，进行科学的选择、整合、组织、编排，以实现提高应用写作能力。

2. 力求简明、实用。以应用文写作的能力训练为主线，将抽象的写作理论知识分解为各部分的实际训练内容，培养基础写作能力。从能力培养开始进而掌握写作的技能基本知识、文体写作能力，通过对各种文体典型例文的学习分析，使学生掌握一定的应用文写作技巧和常用文体的写作技能。

3. 充分体现职业拓展性。教材内容面向职业、面向企业，按照工作过程编写文体，打破应用写作教材以文种写作教学为先的模式，按认识规律，将各文种写作知识依次以职场情境创设为导入，以专业岗位工作需求设置教学内容的体系编排，力求以实践教学缩短学生与未来工作岗位的距离，实现高等职业教育的工学结合目标。因此选用的例文均具有时代性，技能训练部分注重强化训练学生动手、动口和动脑能力。

4. 突出实践操作性。在理论知识够用、管用的前提下，尽量简化理论知识的介绍，主要介绍各个文种的写作规范，以期最大限度地提供指导性。再者就是强化实训的分量，不再设置传统意义上的思考练习题，而是代之以写作实训，例如情境拟写训练，提供与学生日常的学习和生活相关的写作情境，让学生依据规范、借鉴例文练写出符合要求的应用文。

本书由长江职业学院朱立任主编，提出全书总纲，编制框架，确定各项目文种条目。各项目执笔分工如下：

卢小萱负责编写绪论。

徐珮、朱立、王丽娇负责编写项目一。

陈立光负责编写项目二。

朱立负责编写项目三。

朱立、徐珮、徐红霞负责编写项目四。

朱立、徐红霞、徐珮负责编写项目五。

朱立、徐珮、徐红霞、熊波负责编写项目六。

初稿汇总以后，由朱立最后修改、定稿。

编者在编写过程中参阅了有关著作、期刊，并从中选用了一些例文，由于编写时间紧迫，本书所引用的部分内容和参考文献尚有不详之处，谨致歉意。

在此，向给予本教材支持、指导的学校领导、专家，表示敬意！本书的出版还得到了武汉大学出版社的大力帮助，在此表示诚挚的谢意！

本书参编的人员都是在高职院校从事一线教学的骨干教师，但限于时间和自身精力，不足之处在所难免，敬请批评指正。

编者
2018 年 7 月

第一版前言

应用文写作是目前高职院校的一门公共必修课，日益受到高职高专院校的重视，绝大多数院校都在各专业开设了这门课程。如何实现应用写作课程教学的良好效果呢？教材的建设应当是其基础。

本教材以教育部《关于加强高职高专教育教材建设的若干意见》为依据，以“必需、够用”作为应用写作理论和写作技能训练内容的编写标尺。本书在编写时突出了以下几个特色：

1. 以应用文写作能力培养为中心。提高写作能力是学习写作的主要目标，本书按照兴趣激发、知识借鉴、实践训练的顺序，围绕写作能力培养的规律，进行科学的选择、整合、组织、编排，以实现应用写作能力的提高。

2. 力求简明、实用。以应用文写作的能力训练为主线，将抽象的写作理论知识分解为各部分的实际训练内容，培养基础写作能力。从能力培养开始进而掌握写作的基本知识、写作能力，通过对各种文体典型例文的学习分析，使学生掌握一定的应用文写作技巧和常用文体的写作技能。

3. 充分体现职业拓展性。教材内容面向职业、面向企业，按照工作过程编写文体，打破应用写作教材以文种写作教学为先的模式，按认识规律，将各文种写作知识依次以职场情境创设为导入，以专业岗位工作需求设置教学内容的体系编排，力求以实践教学缩短学生与未来工作岗位的距离，实现高等职业教育人才培养模式的工学结合目标。因此选用的例文均具有时代性，技能训练部分注重强化训练学生动手、动口和动脑能力。

4. 突出实践操作性。在理论知识够用、管用的前提下，尽量简化理论知识的介绍，主要介绍各个文种的写作规范，以期最大限度地提供指导性。不再设置传统意义上的思考练习题，而是代之以写作实训，例如情境拟写训练，提供与学生日常的学习和生活相关的写作情境，让学生依据规范、借鉴例文练写出符合要求的应用文。

本书由长江职业学院朱立任主编，参编的教师有长江职业学院的徐珮、徐红霞、陈立光、卢小萱、熊波、王丽娇。各项目执笔分工如下：绪论由卢小萱编写，项目一由徐珮、王丽娇编写，项目二由陈立光编写，项目三由朱立编写，项目四由朱立、徐珮、徐红霞编写，项目五由徐红霞、徐珮编写，项目六由徐珮、徐红霞、熊波编写。初稿汇总以后，由朱立最后修改、定稿。

本教材的编写，得到了长江职业学院党委书记李永健教授、校长田巨平教授的关心与支持。副校长马发生教授、公共课部主任胡炼教授、教务处处长苏龙副教授和各院系多次对教材的编写提出指导意见，这是本教材能够顺利完成并得以出版的重要后援力量，对这份后援力量我们在此要表示衷心的感谢！学校教材编写指导委员会对本教材的编写非常重视，还为教材的编写召开了专题论证会，在此表示诚挚的感谢！本书的出版还得到了武汉大学出版社张琼编审的大力帮助，在此也表示诚挚的谢意！

编者在编写过程中参阅了有关资料，并从中选用了一些例文，有些还作了修改、删节，在此特向这些文章的作者致以真诚的谢意！

本书参编的人员都是在高校从事专业教学的骨干教师，但限于时间和自身水平，不足之处在所难免，恳请批评指正。

作者

2013 年 6 月

目录

Contents

绪论　应用写作的基础知识 …… 1

项目一　日常类文书写作 …… 9

任务一　条据 …… 9

任务二　申请书 …… 13

任务三　声明 …… 17

任务四　启事 …… 20

任务五　电子邮件 …… 25

项目二　事务类文书写作 …… 29

任务一　请示、报告 …… 29

任务二　计划、总结 …… 37

任务三　公函 …… 46

项目三　求职类文书写作 …… 50

任务一　求职信 …… 50

任务二　个人简历 …… 54

任务三　竞聘辞 …… 61

项目四　会议类文书写作 …… 66

任务一　会议通知 …… 66

任务二　讲话稿 …… 71

任务三　会议记录 …… 77

任务四　会议简报 …… 82

项目五　设计开发类文书写作 …… 88

任务一　实验报告 …… 88

任务二　项目说明书 …… 95

任务三　设计说明书 …………………………………………………………… 99

项目六　创业类文书写作 ………………………………………………… 107
任务一　市场调查报告………………………………………………………… 107
任务二　可行性研究报告……………………………………………………… 114
任务三　策划书………………………………………………………………… 122
任务四　合同…………………………………………………………………… 126
任务五　规章制度……………………………………………………………… 137
任务六　商务信函……………………………………………………………… 143
任务七　产品说明书…………………………………………………………… 148
任务八　广告文案……………………………………………………………… 153

参考文献……………………………………………………………………… 161

绪　论　应用写作的基础知识

一、应用文的概念与种类

应用文是社会活动中重要的沟通与管理工具，是行政机关、企事业单位及个人处理日常事务、往来公务及传递有关信息时使用的格式规范的、行文简约的实用性文体。应用写作是一门综合性、实践性极强的基础课、能力课，应用写作课要解决的是让学生弄清应用写作中为什么写、写什么和怎么写的问题。当代社会对人才的要求中，应用文写作技能是其中不可或缺的一项。

应用文的使用非常广泛，几乎涉及各个领域、各个部门及每个个人。比如，科研单位的人员，需要用学术论文；政府机关指导工作，需要用公文；工商企业经营，需要用合同；打官司，需要用诉状；即使个人生病了、不能上课，也需要用到请假条……相对于其他文体来说，应用文的使用频率要高得多：许多人可以一辈子不写小说、剧本、诗歌、散文，但他在工作、生活、学习中却免不了要写应用文，小到写张请假条，大到计划、总结、论文等。

二、应用文的主题

应用文的主题即主旨，是行文者在说明问题、反映情况、表明主张时，通过文字内容、形式所表达出来的一种态度和意图。简而言之就是解决问题的方法、建议。

一篇应用文的材料选取、结构安排、语言表达等都离不开主题，都要受到主题要求的约束，并要以主题为核心形成文章的有机整体。主题是一篇应用文的核心与灵魂。

（一）应用文主题的先行性、单一性和显露性

应用文的主题就是解决问题的方法、建议。其主题是十分明确直接的，主题的确立大多不是写作者有感而发，而是应客观实际的需要，为解决实际问题而产生的，由此可以说应用文主题就是解决问题的具体方法。

文学作品的主题是从生活及已获取的材料中提炼出来的，往往反对主题先行。而应用文主题的确立与文学作品主题的确立不同，其主题确立在全文写作之前，所谓“意在笔先”。因为应用文总是先产生了具体问题而后产生写作的需求，而解决这一问题的方法、结论往往也产生在文章写作之前；同时执笔者的写作行为往往也是应现实之需而产生，主题源于社会实践，写作的过程更是确切地体现主题。如《关于购置办公电脑

的请示》一文就是为了让上级主管部门同意购置办公电脑事项而写的。

一般说文学作品的主题具有其复杂性，对主题的理解呈多元化。然而应用文的主题则必须单一、明确。如《关于当代青年消费问题的调查报告》一文就消费观念、消费现状、消费趋势和消费结构四个方面，展开调查，尽管涉及面广，材料较丰富，但文章紧紧围绕“当代青年消费”这一中心，内容集中，一题一议，主题单一、明确。

应用文写作要求直接了当地点明主题，表明态度，提出解决问题的措施和办法，对文章所涉及的各类问题，必须有明确的观点立场，应该怎么做，解决什么问题，达到什么目的，都要明确地表达出来。

（二）主题的表现方法：标题显旨、开头点旨、结尾点旨

应用文主题的表达要做到明确、显露。那么怎么才能做到主题从文章中显露出来呢？下面就给大家介绍几种表现方法：

标题显旨，就是在文章的标题中直接点明主题。如《油价将继续上调，车主们忙加油》，这篇新闻的标题就直接点明了主题，让人一看就大致明白了文章的主要内容，主题十分明确。这不失为是一种使主题显现的好方法。

开头点旨是在文章的开头或每一段落的开头用简短的语句陈述主题，使主题凸显出来。如《2012 年房地产经济形势展望》一文开头指出：“展望 2012 年，房地产经济回升的势头将会比较微弱，房地产经济能否向好仍然需要克服许多困难。”开宗明义，点明主题。在这三句主题句的提示下，每段的中心就十分明了。

结尾点旨是在文章的结尾之处点明文章主题。如李政道的论文《基础、应用科学与生产三者关系》一文就是采用这一方法结尾的。文章的结尾指出：“我再重复一下，没有基础学科就没有应用学科，没有应用学科就没有生产学科，三者是紧密结合在一起的。”这就非常清晰地显示了主题。

（三）主题的作用

1. 主题决定内容的取舍

写作时，面对搜集到的众多材料，如何取舍，如何处理详略，都必须服从主题的需要，与主题无关的材料要学会舍弃，能够突出主题的材料要集中笔力写好。

2. 主题决定结构的安排

结构是为表达主题服务的。段落层次的设计，开头结尾的安排，过渡照应的运用，都必须遵循突出主题的原则，离开了主题再好的结构也毫无意义。

3. 主题决定表达方式的选用

语言是表达主题的外在形式和工具。写作时，遣词造句、表达方式的选择都应该受到主题的制约。应用文的主题都十分明确，应该根据不同文种的要求，按照写作目的、收文对象、行文规范去选择语言形式，以便发挥应有的作用。

三、应用文的材料

（一）应用文材料的现实性、新颖性和典型性

应用文写作对材料是十分依赖的，常言道“巧妇难为无米之炊”，为了表现主题我们需要收集一系列材料，或综合或舍取运用到文章的写作之中，使主题真实立体地表现

出来。

应用文在材料的选用过程中不能改变材料本身性质，必须保持材料的真实性，对材料的时间、地点、数据、事实过程及结果都不能任意改动，否则就会使材料本身的价值发生变异，导致歪曲事实的真相、弄虚作假的后果，失去应用文主题应有的价值。应用文要求的真实是“绝对的真实”，也就是说所有材料要确凿无误、持之有据。不仅对搜集到的材料要反复核实，在材料的解释上，也要有科学的态度，实事求是。

应用文写作是为了解决现实问题而作的即时之作，其主要的材料应当是能反映现实的新颖材料。所谓现实是指围绕文章要解决的问题所存在的事实（数据）材料而非通过联想和推论得到的材料。所谓新颖是指材料本身是新近产生的，如新事实、新政策、新的统计数据、新发现的问题等和用新的角度重新审视其新意。

所谓典型性材料是指那些最能支持主题和说明问题的材料。典型材料可以是一个具体的事例、一些有说服力的数据和一些带有普遍性的现象。

（二）材料的选取

如何获取材料，哪些材料是应用文写作值得关注的？这需要在实践之中注意材料积累。在自身及周围同事的工作实践中做个有心人，时刻关注有价值的事件及数据，如在工作中对做了什么、采用了什么方法、取得了什么效果、有哪些人参与等信息及时记录收集。

在观察中掌握材料。在观察时要做到实事求是，防止主观武断、先入为主，同时要全面、系统、动态地进行观察，以获取真实、广泛、完整的材料，并能把观察所得及时整理成文字，给写作提供基础。

在调查中拓展材料。个人的实践和视野总是有限的，观察也不可能做到深入细致，这样就需要走向社会，向有关人士了解情况，做一些调查，以扩大自己的视野，获取材料上的补充。经济类的应用文，调查是必不可少的步骤，如市场调查报告、市场预测报告需在调查之后，才能动笔。

通过查阅文献资料获取材料。应用文写作材料常常从有关文件、正式出版物，以及会议资料中获取材料，大量查阅文献资料来获取材料，是应用文写作经常采用的方法。

获取材料是写作的第一步。总的来说，获取材料要求以多为好，以全为贵。材料多了，便于比较、鉴别，有选择的余地；材料全面，观点才能不至于偏颇，因此，动笔之前，应当围绕主题，占有详尽而充实的材料。

（三）材料的使用

1. 量体裁衣，决定取舍

所谓取舍，针对的是一些法规性、指令性文书，多数材料只是作为写作的依据，不进入正文，但实际写作过程中还是要取舍的。“量体裁衣”，是根据文章体裁不同，对选定的材料进行不同的剪裁加工。

2. 主次分明，详略得当

使用材料时，突出事件特征的材料要详写，一般材料可略写；处于主体地位的材料详写，处于从属地位、过渡的材料略写；材料之间角度相异的详写，材料之间相同的略写。骨干核心材料，要注意详尽；过渡材料、交待性材料，要相应从略；读者感到生疏或难以把握的材料应详细，读者所了解或容易接受的材料可从略。

3. 条理清晰，排好顺序

对已选定的材料，应根据事物发展的过程、人们的认识规律或材料之间的逻辑关系排好顺序，将各种不同类型的材料合理搭配，有条不紊地写出来。在安排顺序时要考虑材料的主次、时间的先后、材料间的逻辑顺序、人们认识事物的规律、事物发展的过程等因素。

大多数应用文，是选择若干材料，从不同角度、不同层次，阐明主题。写作过程中，将同类型的材料结合使用，可以优势互补，提高整体表达效果。常用的结合方式有：理论材料与事实材料结合；具体材料与概括材料结合；文字材料与数字材料结合。

四、应用文的结构

结构是指对文章内容的组织安排，也就是按照主题需要安排材料，组织成文的方式。主题可以使文章“言之有理”，材料能够让文章“言之有物”，结构则使得文章“言之有序”。文章的结构，一般是在执笔之前的构思中大致完成，结构如同文章的骨架，作者应预先对文章进行组织安排、结构设计，对于如何开头、如何结尾，如何表达主题，如何衔接等要先构思好。

（一）应用文结构的原则与要求

1. 原则

（1）符合客观规律和人们的认识规律。客观事物自有其发展、变化的规律，人们对客观事物的认识也有一定规律，所以应用文的结构必须遵循这两条规律，反映客观事物的内在联系。

（2）有利于主题的表达。主题是文章的灵魂，起着统帅的作用。不仅选择、使用材料要根据主题的需要而定，结构也必须为表达主题服务。

（3）适应不同文种的特点。应用文因其使用范围、条件、对象的不同，结构形式也有所不同，在写作时应注意这些不同文种的结构特点。

2. 要求

（1）突出主题。主题是贯穿全文的“线”，应用文的结构要有助于突出主题。只有这样，内容材料的安排才有逻辑性，才能反映文章的主旨，达到行文的目的。论说性的应用文，如学术论文，要通过绪论、本论、结论三大部分来提出问题、分析问题、解决问题；记叙性的应用文，如某些调查报告，需要按事件发生发展的过程或调查过程来安排结构；指令性、法规性的公文，则先说明目的意义，再提出具体要求。

（2）要素完整。应用文各组成部分必须完整，不能省略或缺漏。开头结尾，过渡照应，要求齐全。

（3）符合文种特点。各种应用文的文体都有自己的结构特点，不能混用。如行政法规、合同等，侧重说明根据、规则、措施，常用条款式、表格式组织结构等。

（二）应用文结构的组成

1. 开头与结尾

应用文的性质和特点决定了应用文的开头必须直接了当，开门见山，言简意赅。开头应当点题或揭示应用文的内容走向，领起下文。常用的开头方式有：

（1）概述情况。这种方式要求开头简明扼要地介绍有关情况或背景。如报告、总结、会议纪要等常用此法开头。

（2）说明根据、目的。对撰写的理由、目的或根据作简明的交代。如请示、报告常在开头写明理由，通知、规章制度则说明目的。

（3）揭示主题。在文章开头以简要的文字解释主题，以唤起读者注意，引导读者阅读下文。

（4）表明态度。开头表明作者态度，一般用于批转、转发性通知或批复等文种。

（5）引述来文。这种方式开头引述对方来文、来电的标题、文号，然后引出下文。一般用于复函、批复等文种。

（6）提出问题。在开头以提出问题的方式，将文中需要回答的问题表达出来，以达到引起读者注意与思考的效果。各类调查报告常使用这种方式。

在实际写作中，开头的方式灵活多样，除了上面所讲几种方式之外，还有比较式、致意式开头等多种方式，要根据全文内容的表达需要、结构安排的需要来决定。

好的文章结尾可以加深读者印象，提高认识。应用文常见的结尾方式有：

（1）强调式。结尾对文中重要问题做强调说明，以引起读者的重视。

（2）总结式。正文结束时，对文中主要观点或问题作出归纳或总结，使读者对全文有一个较完整的印象。

（3）号召式。发出号召，提出要求，展望未来，用概括性语言表达良好的祝愿及对今后工作的信心和努力方向。

（4）建议式。对文中所涉及的问题提出一定的建议和愿望。这种结尾方式在市场预测报告、经济活动分析报告、求职信中经常被使用。

（5）说明式。对与主题相关但性质不同的问题或事项作补充交代、说明，以保证内容的完整性。如公文结尾交代执行范围、施行日期、传达对象等。

（6）自然式。在应用文主体部分写完后，自然结束，不拖泥带水。

2. 层次与段落

所谓层次，是作者在表述主题过程中形成的相对完整、相对独立的意义单位。层次又叫“意义段”，是应用文思想内容表现的次序。

为了说明应用文的主题，需要设若干个分观点，用一个层次表述一个分观点，然后安排好各个层次，各分观点就形成了应用文的主题。

每个层次的分观点要具有相对的完整性；层次划分要先后有序，条理清楚，可以按照事物发展的时间来安排，也可以根据事物的空间来安排，还可以按照事物的主次、因果关系等来安排。

段落是指应用文能表达一个完整意思而又相对独立的基本构成单位，也就是文章中的自然段，是行文时由于转折、间歇和强调等情况而自然形成的分隔、停顿。分段的作用是能够有逻辑性地表现作者的思维过程，反映文章内容的内在逻辑层次，还可以使文章眉目清楚，便于读者理解。

3. 过渡与照应

过渡，是指文章中相邻层次、段落间的衔接。其作用是承上启下，使文章内容转换更自然，脉络畅通，结构紧凑。应用文正文写作中常见的过渡方法有：

（1）以词语过渡。即用关联词（又称承接词）进行过渡提示。如“为此”、“总之”、“综上所述”、“由此可见”等。

（2）以句子过渡。在前一段的末尾或后一段的开头，用富于提示性的句子进行过渡。如“现将有关事项通知如下”、“经研究，现函复如下”等。

（3）用一个自然段过渡。在上下文转折、跳跃性大的情况下，采用承上启下的过渡段。

照应是指文章中不相邻的层次、段落之间的关照与呼应。其作用是加强文章前后内容的联系，增强文章的整体感。文章前面提示的内容，后面要有联系、回应，后面表述的内容，前面要有提示；内容与标题、开头与结尾以及行文各层次之间都要相互呼应，使全文前后连贯、自然。应用文常见的照应方式有：首尾照应、前后呼应和题文照应。

五、应用文的语言

语言是组成文章的“细胞”，是文章最基本的建筑材料，一篇文章的思想内容、组织结构都必须通过语言文字表达出来。应用文写作语言表达有其特殊要求。

（一）准确规范

应用文种的每个词都要准确无误。造句要符合语法逻辑，根据特定的语言环境，选用最恰当的词语。

1. 用词要准确

选用词语的含义符合表达对象的实际，对近义词尤其要仔细辨析使用，它们的意义轻重程度不同，如“责令”和“责成”；范围大小不同，如“事情”和“事件”；适用对象不同，如“爱戴”和“爱护”；语体色彩不同，如“吓唬”和“恐吓”；感情色彩不同，如“果断”和“武断”等。

2. 组词成句要注意符合语法

如“经过这次活动，对于同学们的觉悟有很大的提高”，此句缺少主语；“这个县的粮食总产量，以平均每年递增20%的速度，大踏步地向前发展”，此句主谓搭配不当，“总产量”不能说“发展”，只能说“提高”；“如果不采取这些措施，就会拖延完成任务的时间和质量”，此句动宾搭配不当，不能说“拖延”了“质量”。

（二）简明精练

应用文语言的简练是出于实用的需要。为提高办事效率，追求用最少的文字表达尽可能多的内容，在应用文中要做到言简意赅，需要一定的理论水平，思路要清晰，认识事物的实质，抓住关键，删繁就简；同时又要具备较高的文字修养，反复推敲，锤炼文字，缩减字句，达到简明扼要的效果。

同时，在应用文写作中，可适当使用应用文专门用语。应用文写作通常要使用一些规范化的固定词语，表意明确而精练。

应用文常用特定用语举例：

（1）称谓用语：用于表示人称或对单位的称谓。如第一人称：我、本人、我单位、本公司、我们；第二人称：你、你局、贵公司；第三人称：该同志、该公司、该项目。

（2）开端用语：主要用于文章开头，表示发语、引据。如为、为了、为着、查、根据、据、遵照、依照、按、鉴于、关于、兹、兹定于、今、随着、由于。

（3）递送用语：用于表示文、物递送方向。如上行：报、呈；平行：送；下行：发、颁发、颁布、印发、发布、下达。

（4）引叙用语：用于复文引据。如悉、接、顷接、据、收悉。

（5）表态用语：用于针对对方的请示、问函，表示明确意见时使用的词语。如应、应当、同意、不同意、准予备案、特此备案、请即试行、按照执行、可行、不可行。

（6）经办用语：用于表明进程。如经、业经、已经、兹经。

（7）过渡用语：用于承接上文转入下文时使用。如鉴于、为此、对此、为使、对于、关于。

（8）期请用语：用于表示期望请求。如请、恳请、拟请、特请、希、望、尚望、希予。

（9）结尾用语：用于结尾。如为盼、为荷、特此函达、特此证明、尚望函复、特此通知、此复。

（10）谦敬用语：用于表示谦敬。如蒙、承蒙、惠允、不胜感激。

（11）征询用语：用于表示征求意见。如当否、妥否、意见如何、是否同意。

（三）庄重得体

应用文中有很多文种，如公文，是处理公务用的，具有法定的权威性，其用语应当严谨、郑重，以体现其严肃性。公文用语必须使用规范的书面语言。规范的书面语言词义严谨周密，正确使用它可以使读者准确理解应用文的内容。应用文中不可随便用词，也要尽量避免口语化，如用“商洽”而不用“商量”。

得体是指应用的语言适应不同对象、目的、文种的需要，说话有分寸、适度，或亲切温暖，或郑重严肃。

【例文一】

今天，我们在这里举办天然气产销厂精细化管理知识讲座。我们有幸请到了油田副总经济师、企业管理处处长、改革办公室主任××同志。××毕业于南开大学，经济学博士，是企业管理方面的专家，具有深厚的企业管理理论知识和丰富的实践经验。首先，让我们用热烈的掌声对××先生的到来表示诚挚的欢迎！

（例文选自 http://www.chinesejy.com/shixi/yanjiangzhici/huodongzhici/448973.html）

评析：这是一篇欢迎辞的开头部分。欢迎、欢送辞需要表现出热情洋溢或者依依惜别的感情。

【例文二】

食品添加剂是为改善食品品质和食品加工工艺需要而加入食品或用于食品生产的物质，直接关系到食品工业健康发展和消费者身体健康，是食品安全工作的重要内容之一。各地区、各部门要以贯彻《食品安全法》为契机，进一步加强食品添加剂生产、经营、使用环节的监督管理工作，明确工作职责，切实维护食品和食品添加剂生产经营秩序。

评析：这是卫生部《关于加强食品添加剂监督管理工作的通知》中的一段文字，指令性应用文的语言要郑重谨慎。

（四）朴实平易

应用文在语言上追求的是表意的准确而非文辞华美。所谓朴实即文风朴实无华，语言实在，强调直叙其事，在表达上主要使用叙述、议论和说明，少用描写和抒情。文风上较少使用夸张、渲染等修辞手法。语言通俗易懂，用词造句浅显明白，避免使用生僻晦涩的字句。

比较下面两段文字："昙花：仙人掌科。肉质植物，老枝圆柱形，新枝扁平，绿色，成叶状。花生于叶状枝的边缘，大型，白色，极美丽，芳香，夜开，翌晨即萎，仅数小时，故有昙花一现之说。原产热带美洲，我国各地温室栽培，供观赏。用叶枝扦插繁殖。"（摘自《辞海》）"夜，约十点，在谈笑声中，那'仙女'终于现出真面目。只见那层次分明的花瓣儿，缓缓张开，如精雕细刻，玲珑剔透，组成了硕大的花朵，娇丽，典雅，雍容华贵；颤巍巍的，飘飘然，恍若真的白衣仙女下凡。那绝美身姿，令人叹为观止。"（摘自丁宁《仙女花开》）前一段文字是应用文，语言严谨、客观、平实；后一段文字是散文，使用了文学语体，语言形象生动，采用了多种修辞手法。

项目一　日常类文书写作

任务一　条　据

一、情境导入

学生写请假条，原本是一件普通而常见的事情，一般人在学生时代大多有过类似的经历。请假条五花八门，有中规中矩的，也有独辟蹊径的；有直接了当的，也有委婉含蓄的；有朴实直白的，也有幽默风趣的……别有一番情趣，充分展现了学生的个性和才华，例如：

请　假　条

尊敬的王老师：

秋风萧瑟天气凉，吾偶感小疾，虽有腾云驾雾之力、木植中绳之决心诚不可也。欲回声色犬马之寝室，万望批准。

病号××

想必执笔者也花费了一番心血。虽然读起来不那么流畅，可是处处显示着作者的良苦用心。这则请假条虽然写得煞费苦心，但仍属于不规范的写法。

二、必备知识

（一）概念

条据是人们在日常工作、学习、生活中，彼此之间为处理财物或事务往来，写给对方的作为某种凭证或有所说明的字条。

它是人们在日常工作或生活中经常使用的一种应用文体。凭证类条据的作用是作为证据、凭证，具有法律效力。如收条、领条、借条、欠条。说明类条据的作用主要是告知对方某个信息，向对方说明某件事情。这类条据只起说明告知的作用，不具有法律效力。如留言条、便条、请假条。

（二）特点

（1）使用便捷；

（2）文字简明、清晰明了，记事扼要、形式多样、不受时间地点限制。

（三）格式

1. 凭证式条据的结构

凭证式条据的结构包括标题、正文、署名、日期四部分。

标题是用来标明条据性质的。如借条、欠条、收条、领条、发条等，写在第一行正中间，字体要求大些，黑体，以表醒目。

正文开头多用“今借到”、“今收到”、“今领到”等字样开头，用来说明条据性质。然后写明条据内容，即写对方（个人或单位）的名字、名称。如借到××单位或××人多少钱多少物，什么时间归还和处理等。有时还要写出条据的用途。正文写完后，空两格另起一行，写上“此据”。

落款。包括署名和日期。署名，在条据正文结束后，另起一行的右下方，要写经手人姓名，并加盖公章（私章）。

日期，在签名的右下方写上经办的日期。

2. 说明式条据的结构

说明式条据结构一般包括标题、称谓、正文、落款（署名和日期）几部分。

标题用来标明条据的性质。如留言条、请假条等。

称谓即此条留给谁的，向谁请假。

请假条要写清楚请假的原因、理由，请假的起止时间。无论哪一种说明式条据的结尾都要写上敬语。或“此致敬礼”，或“请在家等候”、“请批准”，“请批准为盼”等。

落款，包括署名和日期。

署名。表明此据是谁写的。署名在格式上应写在正文的右下方。

日期。写此据的具体时间，应放在署名正下方。

三、例文评析

【例文一】

借　条

今借到财务处人民币壹仟零伍拾元整，用于购买教学用书，于 2017 年 6 月 12 日前归还。

此据

借款人：××(本人签字)

2017 年 6 月 7 日

评析：借条是借到个人或单位的现金、财物时写给对方的条据，这张借条交待了所借的币种、数量、用途，还写清了归还的时间。内容具体，言简意明。

【例文二】

收　　条

今收到机电系学生抗震救灾捐款柒仟肆佰叁拾贰元整。

此据

单位：××大学（公章）
经手人：××(本人签字)
××××年×月×日

评析：收条是在收到别人或单位的钱款、财物时写给对方的条据，这张收条说明了是哪个部门、什么款、数量多少，语言表达清晰，明了。

【例文三】

欠　　条

今购买××电脑设备公司联想电脑壹台，金额伍仟捌佰元整，现已支付伍仟元整，还欠捌佰元整，三天内一次还清。

此据

欠款人：××(本人签字)
××××年×月×日

评析：欠条是借了个人或单位的钱物，归还了一部分，仍有一部分拖欠，对拖欠的部分所写的条据，这张欠条不仅说明了因何事而欠款，还说明了欠款的数额，归还的限期，语言简洁明了。

【例文四】

领　　条

今领到教材库《电子技术与运用》教材伍拾本，练习册壹佰本。用于电子系16级电子专业课堂教学训练。

此据

经手人：××(本人签字)
××××年×月×日

评析：领条是个人、团体或机关在领取钱物时，写给负责发放人留存的条据，这张领条说明了所领之物是教材、作业本，还说明了数量、用途。说明具体，简洁明了。

【例文五】

请 假 条

王老师：

我因昨晚感冒发烧，现需要去医院打针，今天不能前去上课，请假两天（6月2-3日），6月4日上午上课前返校，恳请批准。

学生：××

××××年×月×日

评析：请假条是因有事或因病不能按时上班，不能到校上课，或者不能出席会议，写给单位负责人或学校老师的条据，这张请假条把请假的原因、请假的时间、返校的时间都写得清清楚楚，理由充足，正文的结尾还用了礼貌用语，表达了对老师的敬重，易于被老师批准。

（以上例文均选自 www.diyifanwen.com，略有改动）

四、注意事项

（1）钱款数额一定要大写，物品要写清名称、数量、规格和质量，数字前后不能留空白，后面要写上计量单位，然后写上“整”字，以防内容被涂改和添加。

（2）字迹一定要端正、清晰，以防歧义或误认，不宜涂改。确需修改时，要在修改处加盖印章。

（3）书写不能用铅笔或红色笔等易褪色的笔墨，要用碳素墨水笔书写。

（4）单位名称和个人姓名一定要写全称，以免误认。

（5）条据应妥善保存，以作为凭证，以备日后核查。

五、技能实训

（一）文种评析

指出下面文章的不足，并加以改正

借 条

借到梁××500元，此据。

借款人：叶××

收 条

今收到人民币叁佰元整，此据。

××××年×月×日

欠　条

原借赵××捌佰元，现在还欠300元未还，此据。

张××

领　条

今领到计算器一个，此据。

领用人：王××

××××年×月×日

（二）写作实训

你所在的班级要进行体育训练，老师请你去体育器材室领3个铅球、10个跳绳，体育器材室保管员要你写张条据。请拟写这份条据。

（三）拓展训练

××财经职业技术学院××系组织三个班的学生到林场进行青年志愿者活动，义务帮助林场植树、栽花、除草，时间为一天。该项劳动需要自带铁铲50把、浇水壶15个、镰刀20把，还要准备到财务处去借1500元钱，购买学生午餐食品。××系主任带队，派两名学生干部分别去办理以上事务。请思考，他们在办理具体事务中要写哪些条据？根据以上事务，请帮他们拟写。

（四）情景模拟

2013年5月8日，科研处宋老师将25本《××财经》期刊送到会计系，当时系办公室胡老师外出办事，只有张××同学因实习在系办公室值班。宋老师留下期刊，但要求会计系打一份收条。张××应该如何做才妥当，请以张××名义打一份收条。

任务二　申　请　书

一、情境导入

陈××从××大学管理学院营销专业毕业后，被××厂人事处安排在××车间统计员的岗位上。工作了一段时间后，他发现所学专业与实际工作相差较远，个人的知识水平与工作能力无法施展，经慎重考虑，准备向厂长提出调换工作岗位的要求。他询问了同事张×，张×告诉他，他需要向工厂领导递交一份《工作岗位调动申请书》。

二、必备知识

（一）概念

申请书是个人或集体就某一件事情或问题向组织、机关、团体、企事业单位表达愿望、提出请求时所使用的一种事务文书。

（二）种类

申请书的使用范围广泛，种类也很多。

按形式分，可分为文章式申请书和表格式申请书两种。

按申请者分，可分为个人申请书和集体申请书。

（三）特点

1. 单一性

申请书要求内容单一明确，一事一书。即一份申请书只表达一个愿望或提出一个请求。切忌不同的愿望和请求写在同一份申请书中。

2. 请求性

从写作动机看，申请书的写作带有明显的请求目的。

（四）格式

申请书的格式主要包括标题、称谓、正文、落款四部分。

1. 标题

标题位于第一行正中，字号可比正文略大。标题有两种写法：一种是直接写“申请书”；一种是申请的内容加上文种名称。

2. 称谓

写接受申请书的单位、组织、机关、团体名称或有关负责同志的姓名，如“××市工商管理局”、“××同志”。

3. 正文

正文是申请书的主要部分。一般应包括申请的事项、理由以及态度三方面内容。

（1）开头：简明扼要地交代申请人的基本情况，写清楚申请的理由。申请理由是提出申请的重要依据，要陈述具体、充分、有条理，便于组织或领导了解申请者的意愿和动机。

（2）主体：写明申请的事项。

（3）结尾：进一步表明自己的态度和决心，应写得诚恳，有分寸。这部分可以简约一些。有的申请书不写结尾，直接写结语。

（4）结语：结尾一般要写表示愿望和请求的用语，如“请领导审核批准”、“以上申请，请批准”、“恳请批准”等。也可以写祝颂语，如另起一行空两格写“此致”，下一行顶格写“敬礼”等。

4. 落款

正文右下方署上申请人的姓名或申请单位的名称，其下方写明申请日期。

三、例文评析

【例文一】

助学金申请书

××学校：

我叫××，系×××人，出生在一个贫穷的小山村。家中有四口人，父母在家务农，由于多年的劳累，父母两人身体状况十分差，而且全年收入十分微薄，家中一年省吃俭用的钱大多供给了我和弟弟读书。而我从小热爱美术，高中时就选择了美术专业。

今年我圆满地完成了6年的中学学业，参加了高考，于×月×日我收到了××大学的录取通知书。但是美术专业的学费都比较高，对于农村的家庭来说真是一个天文数字。为此家中面临着巨大的学费压力，家中实在是拿不出足够的钱来供我上大学，可是我又不想因为贫困而丧失上大学的机会。我知道这个社会如果没有知识、没有文化是无法生存下去的，所以我一定要完成我的学业。

现说明我的家庭情况，向学校申请定为特困生，以便获得各种补助及助学贷款，顺利完成学业。

此致

敬礼

申请人：××

××××年×月×日

（例文选自韩晓伟等主编：《应用文写作技能训练》，中国农业大学出版社2011年版，第68~69页）

评析：作者用简洁的语言阐明了家庭困难无力负担学费的具体情况，明确提出了希望获得助学贷款的请求。这份助学金申请书态度诚恳，语言得体，理由充分，要求合情合理。

【例文二】

岗位调动申请书

尊敬的领导：

我是泵阀车间NC部门的操作员×××，于2011年7月份进入公司工作，在公司工作半年多的时间里，不但让我学到了较多的专业知识，更培养了我吃苦耐劳的精神，还使我学到了更多做人的道理。在此，感谢公司领导对我的培养，感谢同事们对我的帮助。

为了学到更多的知识技能，更好地展开工作，为公司服务，本人现特向领导提出申请，调到技术科工作。首先作为年轻人，我希望能趁年轻多学习，多锻炼，将来为企业作出更大的贡献。其次本人工作认真、严谨且具有责任心和进取心，极富工作热情，而且已经能够全面地了解公司的产品并熟悉产品的加工流程。

当然，本人深刻地知道从操作员到技术员还有很长的距离，因此，希望能在技术科的领导下，继续地在泵阀车间组装部门实习，在组装部门不但能让我更深入地了解与熟悉公司的产品的装配过程，而且能学到各产品的设计原理与技术参数，而不是单单地局限于在NC里学的工艺。

我相信，在公司的培养和我的勤奋努力下，我会在新的工作岗位做得更加出色。

恳请能得到领导的指导，并殷切盼望领导给予批准。

此致

敬礼

申请人：×××

××××年×月×日

（例文选自 http：//wenku. baidu. com/view/fbca5627bcd126fff7050b4f. html，略有改动）

评析：这份申请书标题即点明了申请的主旨。正文部分首先说明了个人情况，陈述了自己在现岗位的工作情况、工作热情和对本单位的热爱。接着说明自己想调到哪个岗位，着重说明了原因。再次表明自己努力工作的态度和决心。最后表达请领导考虑自己的申请意愿。

四、注意事项

（1）实事求是，理由充分。申请书要客观真实地反映情况，表达愿望，提出的要求应明确具体，不能为了达到某种目的而弄虚作假和歪曲事实。

（2）语言要朴实无华、准确简洁，态度要庄重严肃，切忌东拉西扯，有意渲染。

（3）书写要工整、文面要整洁、格式要规范。

（4）注意区别申请书和请示。二者受文对象不同，使用范围也不同。申请书是写给有关主管部门，可以用于公务，也可以用于个人事务；而请示是行政公文，不能用于个人事务，一定是下级写给上级的。

五、技能实训

（一）文种评析

请阅读下面这篇申请书，指出其不当之处。

身份证申请书

××派出所：

我是××公司××部工作人员，在上班乘车途中，随身携带的皮包不慎被窃，身份证和工作证均被窃。现向贵所申请补办身份证。因为我需要经常外出工作，没有身份证较为不便，望请尽快给予补办。

家庭住址：××区××街××号。原身份证号：××××××……

申请人：××

××××年×月×日

（二）写作实训

小张准备申请助学贷款，辅导员让他先写一份申请书。小张家庭情况如下：小张父亲因病过世，自此生活的重担落在了母亲的肩上。但母亲因伤下岗，没有工作，并患有伤疾，不能做重活或过于疲劳。父亲过世后，家中又没有积蓄，母亲一直靠打零工维持家里的生活，生活十分艰苦。小张考上了大学后，家中更是雪上加霜。现在母亲在工厂的仓库上班，工资仅有每月400元。

请根据小张的情况，拟写一份助学贷款申请书。

（三）拓展训练

大学生创业贷款是国家给大学生提供的创业优惠措施，为支持大学生创业，国家各级政府出台了许多优惠政策，涉及融资、开业、税收、创业培训、创业指导等诸多方面。请查找大学生创业贷款相关政策，了解申请条件、申请流程、所需资料等方面知识，并拟写一份大学生创业贷款申请书。

（四）情景模拟

小王：大学生活太丰富多彩了，这么多社团和组织，我也想参加一个锻炼一下自己。

小丁：是啊，除了学习，我们还要充分锻炼、全面发展。我这两天正考虑加入文学社呢。

假如小王是个摄影爱好者，请你代他写一份加入“摄影协会”的申请。

任务三　声　明

一、情境导入

张××有一天不小心把包弄丢了，非常着急，包里有自己刚拿到的会计证和经常要用到的学生证等证件。张××很快张贴了寻物启事，但是过了一个多星期还是杳无音信。

辅导员知道这件事情后找到她说，实在找不到这些证件了，必须发布一个遗失声明，然后看能否补办。“这个得抓紧时间，不能拖。”辅导员这样叮嘱。张××决定马上就和当地报社联系刊登遗失声明的事情。

丢失了重要证件发布遗失声明是为了防止某些人冒用，给自己带来损失或某些麻烦。

二、必备知识

（一）概念

声明是单位或个人就某种事件、行为、关系等表明自己的立场、态度、观点等的应用文书，一般通过报刊、广播、电视等途径发布。

（二）分类

声明通常分两类：警告类声明和遗失声明。

警告类声明：当自己的某种合法权益受到侵害，为维护自己的合法权益、引起公众关注，并要求侵权方停止侵害行为的声明。

遗失声明：在自己遗失了票据、证件等重要凭据或证明文件时，为防止他人冒领冒用而发表的声明。

（三）特点

1. 公开性

声明就是要公开宣布，让公众知晓，通常要在媒体发布。

2. 表态性

声明通常对相关事项或问题进行事实披露或澄清，并表明自己的立场和态度。

3. 警示性

一些声明具有警告和警示他人，保护自己合法权益的意图和作用。

（四）格式

声明一般包括标题、正文和落款三部分。

1. 标题

声明的标题一般有以下几种写法：

①由事由和文种组成，如“遗失声明”、“变更声明”。

②由发文机关和文种组成，如“××公司声明”。

③由发文机关、授权事由和文种组成，如“××有限责任公司授权法律顾问××律师声明”。

④直接写文种或在文种前加上一定修饰语，如“郑重声明”等。

2. 正文

一般为三分式结构：开头先写声明的缘由或依据；主体写具体的声明事项，如果这部分的内容比较复杂，可以用贯通式写法，也可以用条文式写法，注意条理要清晰；结尾处以“特此声明”作结，以示再次强调，也可以不写。

3. 落款

落款包括署名和日期。

署名。正文之后署上发布者名称，可以是单位，也可以是个人。

日期。即发布声明的日期。一般情况下，需要精确到日。

三、例文评析

【例文一】

声　明

本律师作为××经济特区贸易有限公司常年法律顾问，经授权声明如下：

××经济特区贸易有限公司是经中华人民共和国对外经济贸易合作部批准、具有法人资格的外资企业。本公司自××××年成立至今，从未在××省境内等任何地方设立任何形式的办事处或其他分支机构。

凡未经本公司法人代表授权在××省境内冒用、盗用本公司名义进行的任何形式的商务活动，包括签订的一切合同一律无效，由此产生的后果本公司不予承担。

本公司依法保留追究违法冒用、盗用者的法律、经济责任的权利。

特此声明

××市法律事务所（公章）

律师：×××

××××年×月×日

（例文选自 http：//www. thn21. com/Article/write/6296. html）

评析：这则警告类声明开头首先表明声明者的身份和声明缘由，接着介绍声明的事项，条理清晰，语言准确、严密，"从未"、"任何"、"凡"、"一切"、"一律"等词语的使用鲜明、准确地表明了立场和态度，显得郑重、严肃。

【例文二】

遗失声明

本人×××不慎将××××行业资格证丢失，证件号：×××××××××，特此声明作废。

×××

××××年×月×日

评析：这是一则遗失声明。遗失者姓名和所遗失证件的类别、号码均在文中作了清楚交待。语言简洁、态度明确。

四、注意事项

（1）声明中提到的事实要清楚确实，有据可查。如是遗失声明，所遗失的证件、票据还应写上号码、份数。

（2）声明的观点要鲜明，表述要合乎逻辑，且要直接了当，切不可含糊其辞，模棱两可。

（3）声明内容不能侵犯他人权利。声明大多是为了维护自己的合法权益，但在表明自己的态度、立场时，要注意不能侵犯他人合法权益。

五、技能实训

（一）文种评析

请分析这份声明存在的毛病。

××公司严正声明

我公司是一家生产××牌化妆品的企业，多年来，依靠过硬的质量，赢得了消费者的青睐，树立了良好的企业形象。但是，近段时间来，我公司发现在互联网上有针对我公司的不实言论，诋毁我公司形象，我公司对此表示强烈不满，要求有关人士尊重事实，公正评价。我们欢迎社会各界人士的批评，但必须以事实为依据。任何歪曲事实的言论，我们将通过法律途径予以解决。

××××年×月×日

（二）写作实训

假定你的学生证不慎丢失，为防止他人冒用，请你写一份登报用的遗失声明。

（三）拓展训练

张××的背包丢了，里面有身份证和导游证。写好遗失声明后找了一个朋友给看看，然后准备登报。这位朋友告诉他说，现在身份证丢了直接到常住户口所在地的派出所申报丢失补领，不需要另外登报声明作废。导游证的遗失声明如果是登报，标题和落款都可以省去，正文写清楚相关内容就可以了。

请你帮忙判断一下：张××的朋友说得对吗？

（四）情景模拟

将全班分成甲、乙两组，然后设置情境开始练习：甲组出版发行了一套“校园青春”系列图书，乙组稍后出版发行了“我的青春我做主”系列图书，乙组图书里的关于大学生的生活、学习的故事和甲组图书里的雷同。甲组于是发表维权声明，称“我的青春我做主”系列图书系盗取“校园青春”系列图书里的故事人物改编，严重侵权；而乙组认为大学生们的生活、学习本来就很相似，相同的素材，相似的内容导致故事的雷同，发表原创声明予以澄清。甲乙小组经讨论写出相应的声明，然后各推选一位代表上台模拟电视声明形式郑重宣读，教师点评。

任务四　启　　事

一、情境导入

“三张标题都写错了！”学校布告栏前的人群里发出很大的议论声，从这里经过的王××同学不由得停下了脚步。怎么回事呢？王××走上前去细看，发现果如所说，布告栏上新贴上去的三张寻物启事的标题都写错了，全部写成了“寻物启示”。这三张寻物启事从内容上看丢失物品的时间、地点以及署名、字迹各不相同，显然是不同的同学书写和张贴的，但怎么就犯了同样的错误，都将标题写错了呢？其实，只要稍稍用心，“启事”和“启示”是比较容易区别清楚的。

“启事”的“启”是“说明”的意思，“事”即被说明的事情，“启事”是为了公开声明某事而登在报刊上或张贴在告示栏上的文字。而“启示”的“启”是“启发与开导”的意思，“示”是“指示”，“启示”是指启发指示，使人有所领悟。可见“启事”和“启示”的含义截然不同，二者不能通用。无论是“寻物启事”、“征文启事”，还是“招聘启事”等，都只能用“事”字，而不能用“示”字。

二、必备知识

（一）概念

启事是机关、团体、企事业单位或个人公开陈述或说明需要公众了解的事项、协助解决的问题，以期有关人员参与、配合或协助办理的一种应用文书。

启事一般张贴在公共场所或刊登在报纸、刊物上。

（二）特点

1. 公开性

启事通过布告栏、报纸、电视、广播、网络等各种媒介公开传播信息，具有公开性质。

2. 广泛性

启事可广泛用于寻物、挂失、招聘、招生、征婚、征集、庆典、开业等多种事宜。

3. 简明性

无论是登报、广播、电视或张贴，启事都要求写得简洁明了，尽量做到一目了然。

4. 自愿性

启事没有强制性与约束力。是否要参与启事中的事项，启事对象可以自愿进行选择。

（三）分类

启事大致可分为三类：

一是征招类启事，如征文、征婚、招生、招聘启事等；

二是告知类启事，如开业、停业、迁移、更名、讲座、解聘启事等；

三是寻找类启事，如“寻物”、寻人启事等。

（四）格式

启事的结构一般包括标题、正文、结尾三部分。

1. 标题

启事标题位于首行居中，一般用较大号字书写。其写法有多种：

①用文种作标题，直接写“启事”二字。

②用内容作标题，如“寻人”、“征婚”。

③由内容和文种组成标题，如“寻物启事”。

④由启事者、内容和文种组成标题，如“××公司招聘启事”。

2. 正文

正文的内容大致包括写启事的原因、目的、具体事项、相关要求等。写作时要求一文一事，文字简明扼要，如具体内容较多则应分条列项，逐一交代明白。

下面简要介绍几种启事正文的写作：

寻物启事：应着重交待丢失物品的名称、特征、时间、地点、失主姓名、地址或单位名称，发现后交还的办法和酬谢方式等。

招领启事：拾到物品的时间、地点，物品的名称，认领的时间、地点等（不可详尽告知物品的数量、特征，以防冒领）。

招聘启事：一般应包括招聘原因、招聘单位基本情况介绍、招聘对象、应聘条件、招聘待遇、招聘方法等。

征文启事：写清征文的原由、目的、具体要求、评选、评奖办法以及稿件投递的具体要求和办法等。

开业启事：要写明开业单位的名称、概况、性质、地点、经营项目和开业时间等。

3. 落款

落款是在正文的右下方，署上启事单位名称或个人姓名和日期。如标题或正文已经出现单位名称，此处可以省略。凡以机关、团体、单位的名义张贴的启事应加盖公章，以示负责。

有的启事为了方便联系还要注明地址、电话、电子邮箱、联系人等信息。

三、例文评析

【例文一】

××大学“今日读书”书评大赛征稿启事

阅读提升品位，交流延续思想。为给广大爱好读书的同学创造一个交流与提升的平台；××大学今日读书书评大赛火热开赛，现面向××市高校所有爱好读书的同学征稿。

一、主办单位

共青团××大学委员会　　　××大学教务部

二、承办单位

××大学××书社

三、协办单位

××出版传媒集团数字出版有限公司（××网）

四、奖项设置

大赛设一等奖1名，奖金300元；二等奖3名，奖金各100元；三等奖5名，设丰富奖品。以上均颁发证书，获奖作品集结成册。

五、作品评选与颁奖

比赛分初赛、复赛两部分进行。作品评选将本着公平、公正、公开的原则进行，评选委员会由承办方邀请出版社编辑、××大学名师、××高校文学社团成员共同组成，最终评选结果将于2011年10月末公布。颁奖晚会届时将在××大学教五多媒体报告厅举行。一、二、三等奖获得者将获邀参加晚会。所有获奖者都将获得主办方颁发的获奖证书。

六、初赛征稿细则

1. 主题不限，书评即可。

2. 文章篇幅要求在1200~3000字，特别优秀作品不超过4000字，诗歌不超过100行。

3. 注重思想的深度与原创。

4. 本次比赛不收费，但因人力与财力关系，恕不退稿，请参赛者自行保存底稿。

5. 作品涉及的著作权等法律责任由作者自负。

6. 主办单位视所有参赛者同意并遵守以上规则。评委会的决定为最终决定，不接受申诉。

七、初赛征稿时间

即日起至2011年6月15日晚9:00。

八、投稿方式和地址

参赛者请登录××网进行在线投稿。所有投稿作品请在文尾注明作者姓名、学校、专业及联系方式。

九、联系方式：略

本次大赛将全程在××网、××书社腾讯微博、新浪微博及人人网上更新。敬请关注。

（例文选自 http：//www.oursim.whu.edu.cn/2011/0920/6073.html，略有改动）

评析：这篇征稿启事文字简明，内容具体详尽。引言部分简要交待了征稿目的，主体则分条列项，介绍了主办单位、承办单位、协办单位、奖项设置等九项内容，具体详尽地介绍了征稿须知事项，写得严密、完整、明确。

【例文二】

寻物启事

本人不慎于3月18日乘坐6路公交车时将一个黑色公文包遗失，内装有身份证、驾驶证和单位业务发票数张。有拾到者请与××局201办公室联系，必有重谢。电话：×××××××××

启事人：×××

××××年×月×日

（例文选自 http：//www.wenku.baidu.com/view/079b1e32ee06eff9aef80767.html）

评析：这则寻物启事重点交待了丢失物品的时间、地点、名称、特征、酬谢方式、失主联系方式等。内容具体明确，语言简洁。

四、注意事项

（1）正确标示文种名称。不能将“启事”错写成“启示”，也不能用“公告”、“通知”、“公示”之类。

（2）内容要严密、完整、明确。告启事项的表述要严密、完整，不遗漏应启之事，而且要表述明确，切忌含糊不清。

（3）用语要热情、恳切、文明。态度诚恳，语言有礼貌，言词恳切，才会让公众产生信任感，达到预期效果。

五、技能实训

（一）文种评析

请分析这份启事存在的毛病。

招领启事

本人于昨晚八点半在2号教学楼304教室拾到一个粉红色钱包，内有人民币500元整，建行卡一张和食堂饭卡一张。请失主速与男生宿舍楼3号楼307室联系，联系电话：×××××××××

张××

××××年×月×日

（二）写作实训

某学院学生会为迎接建校40周年，将在全校发起一次以“我爱我校”为主题的征文活动。请按启事的一般格式和要求，为学生会写一份“征文启事”，截稿时间、体裁要求、来稿字数限制、评奖办法、投稿方式等内容自定。

（三）拓展训练

各地火车站工作人员发现，由于不少乘客急于进站上车，往往在自动取票机、售票窗口、候车大厅等处遗忘物品。由于一天客流量较大，工作人员无法详细查询失主。

为此，火车站纷纷推出新举措，通过新浪的“××站官方微博”账号，及时公布遗失物品的信息，方便丢失物品的乘客查找。假如你是某火车站的工作人员，于××××年×月×日中午在候车厅捡到一个黑色男士钱包，内有身份证、驾驶证、2000元现金和银行卡，请写一则招领微博。

（四）情景模拟

将全班分成8个小组，各小组派代表通过抽签选择“寻物、寻人、招领、更名、迁移、开业、停业、讲座”八种启事中的一个，然后小组讨论，设置一定的情景，写出相关启事。各小组内部评比，选出1~3篇优秀启事当众宣读，最后教师点评。

任务五 电子邮件

一、情境导入

大一新生小李因能够就读自己心仪的新闻专业感到非常高兴。为期一个月的军训结束了，小李可以接触自己喜欢的专业课了。几次课后，小李对新闻专业产生了浓厚的兴趣，也对新闻行业感触颇多，他很想和老师交流一下。是到办公室找老师，还是打电话或是发信息……小李觉得都不是特别好，突然想起老师课后留下了电子邮箱的地址，于是决定给老师写封邮件。电子邮件到底该怎样写呢？和我们平时写的书信是一样的吗？有什么要注意的问题呢？

二、必备知识

（一）概念

电子邮件即E-mail，是日常人际交往中普遍使用的一种联系方式，是通过一定的通信网络（Internet、局域网）在两台或两台以上计算机或终端之间进行电子文本信息传输与交换的一种技术，是一种新颖的现代通信方式。

现在是网络时代，电子邮件以其快速便捷、省时省力、即写即发的优势受到人们的广泛欢迎。

（二）特点

1. 行文简约

电子邮件已经不像传统信件那样要求有严格的行文格式，双方看中的是文本的内容，甚至只是附件的内容。

2. 信息多样

电子邮件发送的信件内容除普通文字内容外，还可以是图片、声音、动画等信息，使沟通变得更加直观和形象。

3. 内容个性

电子邮件的文本写作完全自由，可以长篇大论，也可以短小精悍；可以是正式的书面语，也可以是生活化的口语。

（三）格式

1. 信头

（1）收件人地址。即收件人的电子邮箱，其典型格式为“用户名@ 域名”，如“lily@ sina. com”。收件人的电子邮箱填写一定要准确，否则会影响信件的及时接收。

（2）抄送地址。填写要抄送的电子邮箱地址，即把信件同时发送给其他需要看到信息的相关收件人，彼此之间用英文逗号分隔开来。收件人也可以据此了解此邮件同时还发送给了谁。

（3）密件抄送地址。填写要密件抄送的电子邮箱地址，即发件人将邮件以密件形式同时发送给某人，除密件抄送的收件人本人外，其他收件人并不知道密件抄送的收件人。

（4）主题。主题是接受者了解邮件的第一信息，一般要求精练地概括信件内容，并力求醒目新颖，这样可以让收件人迅速了解信件内容并判断其重要性。空白主题是最失礼的，因为空白主题不利于收件人判断邮件内容，还常常被忽略或直接放入垃圾箱。

2. 称呼和问候

邮件的开头要称呼收件人，这样既显得礼貌，同时也能明确提醒收件人此邮件是发送给他的，要求收件人给出明确的回应。如果对方有职务，应该按职务尊称对方，如“××经理”；如果不清楚对方的职务，则应当按通常的“××先生”、“××小姐”称呼。

3. 开头和结尾

中文邮件开头是“你好”；中文邮件结尾写“祝您顺利”之类的祝语。每封邮件在结尾都要签名，这样对方可以清楚地知道发件人的信息。签名信息不宜过多，一般包括姓名、职务、公司、电话等信息。

4. 正文

正文应当简明扼要地把事情说清楚，如果具体内容确实很多，正文应当只做摘要介绍，然后单独写电子文档作为附件进行详细描述。如果事项繁多，最好标注“1、2、3、4”，分段落清晰明确地说明，保持每个段落简短不冗长。根据收件人与自己的熟悉程度以及邮件对内对外的性质不同，应当选择恰当的语气进行阐述，以免给对方带来不舒服的感觉。

5. 附件

如果邮件带有附件，应当在正文里面提示收件人查看附件。附件的文件名应当清晰准确、识别度高，不要随便用几个字母或数字做文件名；附件数目较多时应当打包压缩成一个文件；如果附件是特殊格式文件，应在正文中说明打开方式，以免影响收件人使用。

6. 字体和字号

中文一般使用宋体或楷体，字号用小四号或五号即可，这是经研究证明最适合在线阅读的字体或字号。

三、例文评析

【例文一】

发件人：（略）

收件人：（略）

主题：××公司新产品发布会邀请函

尊敬的××先生：

您好！

我公司定于2018年7月18日（星期四）上午9:00在香格里拉大酒店举行新

产品发布会。您作为该行业的前辈，是××研发领域的领军人物，我们真诚邀请您出席会议并作5分钟发言，建议发言内容围绕××产品的研发趋势展开。

衷心希望您能接受这项邀请！为了便于您详细了解××产品的信息，我们已将相关材料以附件形式发送，麻烦查收，谢谢！

会议联系人：刘文

联系电话：××××

祝好！

××有限责任公司

2018年7月5日

附件：

1. ××产品开发说明书

2. ××产品市场前景分析

评析：这封电子邮件内容简洁、重点突出，清晰地表达了邀请对方参加新产品发布会的意愿和详细信息；同时，语气谦恭有礼，使收件人读来有种备受尊重的感觉；而且，此封电子邮件格式规范，添加的附件文件名描述准确。

【例文二】

发件人：（略）

收件人：（略）

主　题：邮购咨询

尊敬的编辑老师：

您好！

我是一名在校大学生，因故错过了《××》杂志××××年的邮局征订，请问贵刊可否办理邮购业务，烦请告知详情，也可回电话××××××。谢谢！

祝编安！

学生：王××　敬上

××××年×月×日

（例文选自金常德主编：《大学生应用写作实践教程》，北京大学出版社2011年版，第13页）

评析：这封电子邮件语言表达简洁、清晰、流畅，内容、用词选择适当，语气委婉礼貌，展示了大学生良好的文字沟通能力以及询问杂志邮购事宜的诚意。

四、注意事项

（1）不要长篇大论。电子邮件使沟通和交流更加方便快捷，所以内容一定要简明扼要，突出重点。

（2）不要有格式、语法、标点等错误。写完后要认真阅读，确保无误后再点击发送。

五、技能实训

（一）文种评析

请分析这封电子邮件存在的问题，并进行修改。

收件人：××××@163.com
主　题：销售

张×：早上好：

自从上次分手后，好久没有与你联系了，不知最近现状如何。我工作非常紧张，每天必须提前来到办公室，常常很晚才回家。主要的原因是我公司目前正在生产一种新型的编号为××的机床。现将该机床的特点以及功能的详细情况发送给你们。说明书在附件中，请查阅。相信不久，我公司的产品就会生产完工。那时，我们将会有一个相当长的假期。我们会再有机会在一起聊天。不知道你们最近是否也很忙，如果有时间，请给我回信。我期盼着我们再次见面。

祝工作顺利！

刘××

（二）写作实训

请给你的老师（或同学、朋友等）撰写一封电子邮件，介绍一下你的大学。

（三）拓展训练

假设你暑假要到××公司进行顶岗实习，学校安排你和对方的王经理联系，请撰写一封电子邮件询问有关顶岗时间、顶岗岗位、工作职责及相关准备等事宜。

（四）情景模拟

小陈最近被提升为××外贸公司销售部的部门经理，上任部门经理遗留的问题导致外部供货商和内部员工的各种抱怨，因此，小陈上任后第一件事是解决相关问题，具体如下：

（1）告知供货商本公司新的规章制度，并告知他们希望继续合作，要求他们对货物质量负责。

（2）本部门员工的本年1~3月的销售提成，一直没有发放，员工想知道何时得到自己的提成。

（3）组织一次周末聚会，感谢员工为公司所做的贡献，并支持他们的工作，同时提供大家交流的机会，增强团队凝聚力。

请问，上述哪些问题适合通过电子邮件的方式与对方联系，解决问题，请说明你的理由。并根据你的选择写出相应的电子邮件。

项目二 事务类文书写作

任务一 请示、报告

请 示

一、情境导入

李××高职院校毕业两年，两年间，他刻苦努力、勤奋工作、勇于创新，以过硬的专业知识、熟练的工作技能和良好的工作业绩深得公司高层的赏识，年仅23岁的他现已荣升为某工艺品制作公司一车间的生产主管。一段时间以来，李××通过自己的学习和摸索，发现如果对公司生产线其中的一个环节进行一定的技术改造，不仅生产的产品工艺水平能得到显著提高，而且还能大大提高生产效率。尽管改造技术并不复杂，他完全可以自己承担这个任务，但涉及工艺改造须公司上级部门批准，也需要一定的经费投入。于是，他决定给上一级有关部门呈交一份工艺改造的请示。

二、必备知识

（一）概念

请示是下级部门向上级部门请求对某项工作、问题作出指示，对某项政策界限给予明确，对某事予以审核批准时使用的一种请求性公文，是应用写作实践中的一种常用文体。请示可分为解决某种问题的请示，请求批准某种事项的请示。

（二）特点

（1）时间性较强。请示的事项一般都是须明确和要解决的，否则会影响正常工作，因此时间性强。

（2）要一事一请示。

（3）通常主送一个机关，不多头主送，如需同时送其他机关，应当用抄送形式。

（4）应按隶属关系逐级请示，一般情况不得越级请示。

（三）分类

1. 请求指示的请示

此类请示一般是政策性请示，是下级机关需要上级机关对原有政策规定作出明确解释，对变通处理的问题作出审查认定，对如何处理突发事件或新情况、新问题作出明确指示等请示。

2. 请求批准的请示

此类请示是下级机关针对某些具体事宜向上级机关请求批准的请示，主要目的是为了解决某些实际困难和具体问题。

（四）格式

1. 标题

标题一般有两种构成形式：一种是由行文机关名称、事由和文种等构成。如《××工艺生产部一车间关于××××××的请示》；另一种是由事由和文种构成，如《关于开展工艺制作技术改造工作的请示》。

2. 主送机关

请示的主送机关是指负责受理和答复该文件的机关。每件请示只能写一个主送机关，不能多头请示。

3. 正文

其结构一般由开头、主体和结语等部分组成。

（1）开头。主要交代请示的缘由。它是请示事项能否成立的前提条件，也是上级机关批复的根据。原因讲得客观、具体，理由讲得合理、充分，上级机关才好及时决断，予以有针对性地批复。

（2）主体。主要说明请求事项。它是向上级机关提出的具体请求，也是陈述缘由的目的所在。这部分内容要单一，只宜请求一件事。另外请示事项要写得具体、明确，条项清楚，以便上级机关给予明确批复。

（3）结语。应另起段，习惯用语一般有“当否，请批示”，“妥否，请批复”，“以上请示，请予审批”或“以上请示如无不妥，请批转各部门执行”等。

4. 落款

一般包括署名和成文时间两个项目内容。标题写明行文机关的，这里可不再署名，但需加盖单位公章。

三、例文评析

【例文一】

东营广播电视台关于开办生活广播的请示

市文广新局：

由于历史等原因，东营广播电视台目前只有综合广播和交通音乐广播两个广播频率，已远远不能满足人民群众日益增长的文化需求和广播自身发展的内在要求，也无法适应东营市委、市政府推动文化产业跨越发展、打造区域文化高地、建设京津冀协同发展示范区的新要求。

因此，我台特向市局申请开办生活广播频率，呼号为“东营广播电视台生活广播”，并请市局审核完毕后向省局提交报告，恳请省局予以批准和办理相关手续。

请示当否，敬请批复。

附件：1. 东营市广播电视台关于开办生活广播的可行性报告
2. 东营广播电视台生活广播节目安排表

东营市广播电视台（公章）

2017 年 2 月 6 日

（例文选自 http：//zfxxgk. dongying. gov. cn/col/col8951/index. html）

评析：这是一篇下级机关针对开办新节目事宜向上级机关请求批准的请示，主要目的是为了解决工作中的具体问题。有主题有中心，一事一议，语言简明扼要。相关材料随附件发出，以供上级机关参考。

【例文二】

××房地产集团关于艺术家纪念馆工程被拆迁人补偿费用的请示

××房地产集团：

根据市规划委《关于做好开发建设艺术家纪念馆工程项目的决定》（×规委〔2008〕98 号）的精神，我公司拟开展第一期工程，在艺术家纪念馆工程新址进行拆迁工作。该工程位于本区西南，拆迁范围为麦子桥外至西洼路北，东西长 300～325 米，总占地面积 410 亩。为了在占地面积上顺利进行拆迁工作，现特向区国土资源局申请该地区被拆迁人使用权补偿价格（区位价）。

特请批示。

××房地产集团武汉分公司（公章）

××××年×月×日

（例文选自郭冬编著：《实用写作范例评点》，高等教育出版社 2009 年版，第 104 页）

评析：这是一份请求指示的请示，首先引据市规划委的文件，陈述拆迁背景，之后提出请求事项，这个事项是请求上级指示，而不是请求上级批准，所以文末结束语是“请批示”，而不是“请批准”。语言表达简洁，理由充分，有严密的逻辑性。

四、注意事项

（1）请示是请求上级对自己的公务活动作出指示或批准，所以应该写在事情发生之前；

(2) 请示是请求性公文，重点是请求事项，要有很强的针对性，写作时要写清原因、办法等；

(3) 请示只能“一事一文”，“一事一请示”；请示应按隶属关系逐级请示，一般情况下不越级；

(4) 请求的内容要客观真实，不允许有半点虚假。

五、技能实训

(一) 文种评析

请分析这份请示存在的毛病。

关于请求购买班务活动所需经费的请示

班委会、班主任老师：

根据近期班务工作需要，急需购买一批文具用品，主要为：直尺、三角板、水粉颜料、白纸、毛笔等，需经费60元。

此致

敬礼

宣传委员　张成

××××年×月×日

(二) 写作实训

假如你是上文中的李××(工艺制作一车间生产主管)，车间生产线经过改造后，工艺制作水平和工作效率明显提高，为公司带来了较大的经济收益。为奖励车间技术小组人员，请你向上一级主管部门写一份请示，对他们给予物质奖励。

(三) 拓展训练

王××是某公司销售部门的一位行政人员，由于刚入职不久，对公司业务和运营情况还不熟悉。一日，部门领导要求她下班之前向公司主管领导写一份请示，请求公司主管领导同意该部门近期举办一场产品展示会议。以下是王××的请示：

关于组织开展×××系列产品展示活动的请示报告

×××经理：

×××系列产品自上市以来，由于缺乏必要的宣传，消费者对产品的性能、品质和使用效果都缺乏一定的了解，市场接受度不高，其销售长期无法得到较大突破。

为此，我部拟于本月在全市召开贸易洽谈会的现场，组织开展一场×××系列产品展示活动。

专此请示，请予批准。

销售部

××××年×月×日

请示写好交给部门主管后，王××一直觉得有些地方还没有说清楚，可又想不出存在的问题在哪里？请你根据王××的请示指出一些主要不当之处，并提供一些参考建议。

（四）情景模拟

根据以下情景材料为××银行新街支行撰写一份申请扩建营业厅经费的请示。

××银行新街支行位于桃园新区，与全市最大的百货商场隔街相望，随着住宅楼的竣工、商业网点的设立，支行的营业厅已很难适应工作需要。个体户及当地居民存款和取款的时候，少的要用半个小时，多的要用1个小时。营业厅现在一共有15平方米，加上使用时间长，没有修理，门窗及地面都破破烂烂。所以，××银行新街支行想趁房管所对房屋进行大修理的时候，着手改建门面，将营业厅后面的两个小房间大约20平方米，扩建为营业厅，并与住房隔开。经过修缮队的初步预算，大约需要10万元，××银行新街支行想争取在7月份雨季来临以前改扩建完工。

报　告

一、情境导入

李××所在的工艺品生产一车间经过一段时间的生产实践，技术改造工作已按期完成，并取得了重大成功。为及时向公司报告这项技术改造工作的完成情况，李××计划向公司提交一份报告，把这次技术改造工作的技术要素、改造过程、经费投入以及改造后的生产情况等向公司作详细汇报。

二、必备知识

（一）概念

报告是向上级机关或业务主管部门反映情况、汇报工作、报送文件、报告查询事宜时所写的汇报性文件材料。报告的使用范围很广。按照上级部署或工作计划，每完成一项重要工作，一般都要向上级机关写报告，用以反映工作的基本情况、工作中所取得的经验教训、工作中存在的主要问题，以及今后工作的设想，以取得上级领导部门的指导。

（二）特点

1. 汇报性

凡报告都是下级机关向上级机关或业务主管部门汇报工作，一般都是将做过的事情报告给上级，让上级掌握基本情况，以利于心中有数或对工作进行指导。所以，汇报性是报告的一大特点，这是报告同请示的根本区别。这一特征决定了报告一般是事后行文。

2. 陈述性

因为报告具有汇报性，是向上级讲述做了什么工作，这项工作是怎样做的，有些什么情况与经验体会，存在的问题和今后打算等，所以在行文上一般都用叙述的笔法，即向上级机关或业务主管部门陈述其事，而不是像请示那样祈使、请求。陈述性是报告区别于请示的又一大特点。

（三）分类

报告一般可分为下面几类：

1. 呈报报告

这是直接向上级机关或部门汇报工作、反映情况的报告。根据具体内容和性质又可分为综合报告与专题报告两种。

综合报告用来向上级汇报本单位、本部门一个时期内全面工作或几个方面工作的综合情况，往往有一文数事的特点，例如《关于××上半年部门工作完成情况的报告》。

专题报告是向上级汇报某项工作、某个问题或某一方面情况的报告，往往有一事一报、迅速及时的特点，例如《关于元旦期间××产品宣传工作情况的报告》。

2. 呈转报告

向上级机关汇报工作、提出意见或建议，并请求将该报告批转有关部门或地区执行的报告叫做呈转报告，例如某公司《关于全面开展工艺生产线技术改造工作的报告》。

3. 回复报告

用于答复上级询问或汇报所交办事情办理结果的报告，称为回复报告。回复报告往往是对一些重大事项的答复，对一般性事项用函作答即可，例如××市场部《关于××产品市场销售情况的报告》。

（四）格式

1. 标题

报告标题通常由事由和文种组成。事由就是报告所针对的问题，也就是报告的内容；文种即“报告”。

2. 主送机关

主送机关就是受文机关，报告的主送机关一般是发文机关的直属上级机关。

3. 正文

正文由报告缘由、报告事项、报告尾语三部分组成。报告缘由主要交待报告的起因、理由或注明目的、意义等，是正文的开头；报告事项即正文的主体内容，如基本情况、措施与办法、成效与问题或者是经验与教训、意见与建议、打算与设想等；报告尾语根据类别而定，呈报性报告往往以“特此报告”或“以上报告如有不妥，请指正”等语作结。呈转性报告则会提出“以上报告如无不妥，请批转各地各部门执行”的要求。

4. 落款

正文结束，在右下方署名并盖公章。

三、例文评析

【例文】

××大学关于税收财务物价大检查情况的报告

×××局检查办公室：

根据国务院办发［20××］××号文件《关于开展20××年税收财务物价大检查的通知》精神，现将我校开展检查的有关情况报告如下：

1. 高度重视，切实加强组织领导。成立了由×××副校长和×××副书记为组长的自查工作领导小组，组建了工作专班，明确了工作任务、重点和责任。

2. 制定方案，切实保证检查工作有序推进。根据学校工作实际，我们组织由财务处牵头，纪检监察、审计等部门共同参加的方案制定工作小组，对照检查内容和要求，分部门、分单位落实检查方案，确定检查重点。在此基础上，还进行了检查工作的动员与学习，统一了思想，提高了认识，强化了措施，确保真查、真检、真纠，取得实效。

3. 惩防并举，切实保证检查工作取得实效。此次检查，我们重点对全部独立核算财务单位的现金管理进行了一次突击检查。对发现的一般性问题，由领导小组与各单位的财务主管和财会人员进行了谈话，交换了意见并责成各有问题的单位，认真找出原因，按照规定予以改正，并要求各单位均将整改的情况书面报告领导小组；对较严重的问题，如：××单位公款私存1200元，私设小金库3000元；×××中心公款私存18000元，虚报冒领转移资金8000元等，学校进行了严格处分：小金库存款和虚报冒领的资金没收上缴学校财务，财务主管作记过处理、一名出纳作下岗处理；此外，为教育大家，我校已将处理情况通报全校。

专此报告。

××××学校（公章）

××××年×月×日

（例文选自程学兰主编：《大学实用写作》，武汉大学出版社2002年版，第95~96页）

评析：这份报告是一份回复报告，即应上级要求，将工作开展和落实情况向上级汇报。标题、主送机关清楚，正文主体部分依次交待了报告的起因、目的、措施与办法、成效与问题或经验与教训等，内容简洁、条理清晰，能较快地被阅读者接受，达到报告的预期目的。

四、注意事项

（1）报告的写作必须客观反映事实真相，切忌夸大、缩小或无中生有、模棱两可。

（2）报告的写作必须注重对所报告工作相关材料的掌握、学习和理解，并认真进行组织与安排；避免出现事实不具体、言之无物、表述不清晰、重点不突出等问题。

（3）报告中不得夹带请示事项，以免延误请示事项的处理。

五、技能实训

（一）文种评析

请分析这份呈转类报告，请根据所学知识，找出写作格式上的毛病。

××县林业局关于加强森林防火工作的报告

县政府：

根据县政府《关于××特大森林火灾事故的处理决定》和政府领导的指示精神，我局就加强我县森林防火工作作为一项重要整顿内容，多次进行了专题研究，并邀请县辖有关部门和机构的同志进行座谈，最近又召开了秋季防火工作会议，提出了今后的工作任务。为了加强森林防火工作，我们认为，需要采取以下主要措施：

一、提高认识，深入一线，切实把防火工作当做头等大事来抓……

二、加强领导，健全指挥，建立严格的管理责任制……

三、各乡镇人民政府要加强对林区的统一管理……

四、充实扑火力量，建立军警民相结合的森林防火体系……

五、加强森林防火设施建设，加强灭火设备……

以上报告，如有不妥，请指正。

××县林业局

××××年×月×日

（二）写作实训

根据下面提供的材料，请以××市商业局的名义向××省商业厅起草一份报告。

（1）2015年2月20日上午9点20分，××市××百货大楼发生重大火灾事故。

（2）事故后果：未造成人员伤亡，但烧毁三层楼房一幢及大部分商品，直接经济损失792万元。

（3）施救情况：事故发生后，市消防队出动15辆消防车，经4个小时扑救，火灾才被扑灭。

（4）事故原因：直接原因是电焊工××违章作业，在一楼铁窗架电焊火花溅到易燃货品上引起火灾，但也与××百货公司管理局及员工安全思想模糊、公司安全制度不落实、许多安全隐患长期得不到解决有关。

（5）善后处理：市商业局副局长带领有关人员赶到现场调查处理；市人民政府召开紧急防火电话会议；市委、市政府对有关人员视情节轻重，做了相应处理。

（三）情景模拟

假如你是一名班干部，前不久，班里按照学校的统一安排，由你负责组织全班学生开展了一次“我心中的最美大学生”评选活动，活动从方案起草到具体组织，最后评出的结果得到了全班学生普遍认可，活动效果良好，学生深受教育。但你仍然发现，在具体实施过程中，还是出现了如方案设计不够科学、学生参加热情不太高、宣传工作不到位等方面的问题，打算今后改进。现请你以班级名义向校学生会起草一份报告。

（四）拓展训练

将全班分成若干个小组，就某一个阶段以来班上的新情况、新动向、新问题展开认真讨论。然后每个小组分别讨论，就班上的学风问题、思想动态、纪律问题、学业成绩问题或课外活动开展问题等写成报告，供班委会改进工作作参考。

任务二　计划、总结

计　划

一、情境导入

凡事“预则立，不预则废”。这里的“预”就是指“计划”。其实，无论是单位还是个人，无论办什么事情，事先都应有个打算和安排。有了计划，工作就有了明确的目标和具体的步骤，就可以协调大家的行动，增强工作的主动性，减少盲目性，使工作有条不紊地进行。同时，计划本身又是对工作进度和质量的考核标准，对大家有较强的约束和督促作用。所以计划对工作既有指导作用，又有推动作用。我们除学习计划的写作，还应做一个有“计划”的人。

梁××是经管学院会计专业的一名大一新生，虽然经历了高中三年的“魔鬼式”学习，但并没有消磨她的学习兴趣，她决心在大学三年里扎实地学习专业知识，锻炼过硬的职业能力，以便将来步入社会面对激烈的职场竞争。为此，她制订了一份详细的大学期间学习计划。

二、必备知识

（一）概念

计划，是对未来一定时期内的工作或学习提出要求、措施、步骤和完成期限的一种文书。它运用很普遍，机关、团体、企事业单位的各级机构或个人，计划具有较强的指导作用，便于推动工作或学习目标的顺利、有序实现。

（二）分类

（1）按内容分：主要有生产计划、工作计划、学习计划、训练计划等；

（2）按范围分：主要有个人计划、部门或单位计划等；

（3）按时间分：主要有长期计划、短期计划（如年度计划、季度计划、月度计划）等；

（4）按性质分：主要有综合计划、专项计划等。

通常情况下，“计划”还有其他的别称，主要有：

（1）规划：指具有全局性、较长时期内的计划；

（2）方案：通常较多应用于专项工作；

（3）安排：对短期内工作进行具体布置的计划；

（4）设想：指初步的计划；

（5）打算：指短期内的工作要点式的计划；

（6）要点：指列出工作主要目标的计划。

（三）特点

1. 预见性

计划不是对已经形成的事实和状况的描述，而是在行动之前对行动的任务、目标、方法、措施所作出的预见性确认。但这种预想不是盲目的、空想的，而是以上级部门的规定和指示为指导，以本单位的实际条件为基础，以过去的成绩和问题为依据，对今后的发展趋势作出科学预测之后作出的。

2. 针对性

计划是针对本单位的工作任务、主客观条件和相应能力而定的。从实际出发制定出来的计划，才是有意义、有价值的计划。

3. 可行性

预见准确、针对性强的计划，在现实中才真正可行。如果目标定得过高、措施无力实施，这个计划就是空中楼阁；反过来说，目标定得过低，措施方法都没有创见性，实现虽然很容易，并不能因而取得有价值的成就，那也算不上有可行性。

4. 约束性

计划一经通过、批准或认定，在其所指向的范围内就具有了约束作用，在这一范围内无论是集体还是个人都必须按计划的内容开展工作和活动，不得违背和拖延。

（四）格式

工作计划大体分为标题、正文、结尾（落款）三部分。

1. 标题

标题由单位（个人）名称、适用时期、内容和文种构成。如《××大学 2015—2016 年度工作计划》。

2. 正文

正文由前言和计划事项构成。主要包括三个方面的内容：第一，为什么做（通常是指导思想和目的）；第二，做什么（任务和指标）；第三，怎么做（主要是措施、步骤，还包括时间安排、完成目标等）。

这三个方面，指导思想和目的，可以简明扼要，不必过于琐碎。任务、指标和措施、步骤是计划的核心内容，应具体、详尽。措施具有可操作性。完成的期限和程度，也必须明确、清楚。

三、例文评析

【例文】

梁××大学期间学习计划

一、编制目的

为了让自己的大学生活过得充实，更是为了自己能学有所成。

二、目标

让自己具备会计专业要求的所有技能，并熟悉秘书职务所需的全部基本技能与知识。

三、需掌握的知识体系

基础层：会计学、经济学、管理学、法律基础

主体知识层：财务管理、审计会计法、税法、国际法律环境、国际贸易与物流、公司法、市场调研与策划、营销策划、组织行为学、管理心理学、管理信息系统、企业战略管理、人力资源管理

辅助知识层：Office 办公软件系列、办公设备（如打印机、复印机、扫描仪、投影仪、传真机）

文秘系列：应用文书写作、商务礼仪、谈判口才与技巧

四、要取得的证书

注册会计师、计算机二级以上、英语四级以上

五、实现方法

采用课外学习与课堂学习相结合的方法

六、实现步骤

分四个阶段实现

第一阶段：

时间：________年________月________日到________年________月________日

目标：____________

学习内容：____________

具体计划：早上______点______分到______点______分　学习______

晚上______点______分到______点______分　学习______

计划检验与修整：______年______月______日对学习______进行评估

评估结果：____________

修整计划建议和方案

第二、三、四阶段（格式同第一阶段）

××××年×月×日

（例文选自 http：//wenku. baidu. com/view/49a1ed3131126edb6fla10a9. html，略有改动）

评析：这份计划书“标题”部分由“梁××+大学期间+学习+计划”组成，分别对应了“单位（个人）名称+适用时期+内容+文种”，整齐、规范。“正文”部分由“为什么做、做什么、怎么做、做的效果”等依次安排，条理清楚、结构完整、内容详实，是一篇不错的学习计划书，对其大学期间的学习安排有较强的预见性、针对性、可行性和约束性。

四、注意事项

1. 要有科学的态度

一是要实事求是，计划不是凭哪个人的主要愿望杜撰而来的，必须是本地区、本单位和个人的客观情况及其发展规律的真实反映。二是要深入调查研究，这是制订计划的基础和前提。三是要有全局观念，必须站在全局的角度考虑和设计思路，制订的计划应符合国家方针政策、单位工作的指示精神和要求，做到“两头吃透”。四是要有科学的预见能力，只看眼前，不看今后，是制订计划的大忌。五是要处理好中心工作与其他工作的关系。六是要具体，指标、措施、步骤、分工、时间、要求等都要写具体，这样执行者就有章可循，也便于检查，否则，就会无所适从，计划等于虚设。

2. 指标、任务、要求应留有余地

制订计划时，要估计出本单位通过科学的组织、安排、部署，合理地使用人力，调动一切积极因素后工作所能达到的最高限度。计划中规定的指标、任务和要求，既不能超过这个限度，也不能和最高限度齐平。必须略低于这个最高限度，留有一定的余地。

3. 要突出重点

综合计划中往往列举多项工作，这多项工作不是处于一个水平线上。其中必有一项是占主导地位的中心工作。如××学校×年工作计划中提出以“教育质量年”为工作主题，那么这就是工作的重点，在制订计划时应处处体现此类重点。那些貌似全面、包罗万象而没有重点、不分主次的计划，将使执行者不得要领。

4. 要有自己的特点

计划要有自己的个性，这个单位的计划与别的单位的计划应有所不同，这项工作计划与那项工作计划应有所不同，今年的工作计划与去年的工作计划应有所不同。那种项项雷同、年年如此的工作计划，不仅用处不大，而且会使执行者生厌。总之，制订计划要因时、因地、因人而异。

五、技能实训

（一）文种评析

下面给同学们提供一份计划，请大家思考这份计划有哪些缺点。

××职业学院春笋文学社计划

为全面贯彻教育方针，落实学院关于大力开展课外小组活动的意见，我社制订活动计划如下：

1. 本学期举办文学作品欣赏两次，写作技法讲座两次（邀请学院大学语文组老师参加主讲），读书札记交流一次。

2. 组织一次秋游，一次外出采访活动。

3. 本社成员每周练笔不少于两篇，从中选出优秀习作向省市报刊推荐；一学期发表的习作不少于五篇。

4. 积极参加省际、校际及校内各类演讲比赛、读书活动竞赛，力争拿到名次。

5. 与兄弟学院文学社团加强联系，10 月份组织部分社员外出交流。

6. 学期结束，评选优秀社员；做好补充新社员工作。

××××年×月×日

（二）写作实训

××公司为调动职工的积极性，保证完成和超额完成生产任务，决定在全公司内推行××岗位责任制先进经验：要求开好三个会（动员会、经验交流会、总结表彰会），搞好试点工作，组织职工讨论，充分发扬民主，各方面配合，从 7 月上旬开始，利用一个半月至两个月的时间完成这项任务。请根据以上情况，为××公司制订一份工作方案。

（三）拓展训练

以下是一些不正确或不规范的计划标题，请修改正确。

1. ×××市国民经济和社会发展五年计划

2. 2015 年至 2018 年高等职业教育改革规划案

3. ×××中学 2018 年招生工作规划

4. ××公司关于第三季度销售计划

（四）情景模拟

场景：某旅游公司总经理向其下属员工李某等共 10 人下达了下月的销售任务各 10 万元，公司提供的条件是：旅游产品及资料（自选）、客户群 3 组及相关联络资料、业务费用各 3000 元等。

请根据以上内容，每位同学写一份销售计划书，写完后分组交流，最后教师点评。

总　结

一、情境导入

2016 年，××大学旅游管理学院学生会组织全院酒店管理专业的学生举行了一次专业技能大赛，比赛活动取得了圆满成功。如果你是学生会负责组织这项活动的组委会成员，校学生会希望你能将本次活动的组织与开展情况整理总结一下，在全校学生工作会议上交流，你能写好这份交流材料吗？

在平时的工作与学习中，我们在一件事、一项工作完成后，总能从中获得一些丰富的感性认识，但它们往往是零散的、肤浅的、表面的。如果能及时对其进行梳理，把它们条理化、系统化，便可以把感性的认识上升为理性认识，从而使我们对做过的事、完成的工作有一个正确的估价和完整的认识，对日后的实践活动和他人的实践活动起到指导和借鉴作用。

二、必备知识

（一）概念

总结，是对一项已经完成的任务，或对一定时限内的工作、生产、学习等实践过程，加以客观地回顾，深入地分析，肯定成绩，找出缺点和不足，形成总体评价，进而探究取得的成绩和经验以及不足之处，并把这些加以条理化、系统化，上升为带有规律性的认识，用以指导今后的实践。

（二）分类

1. 综合性总结

这种总结是对本单位、本部门或本人一个时期各方面工作所做的总的回顾。其特点是具有全面性、综合性。如年度总结、季度总结都可划入这一类。综合性总结虽也应有侧重，但必须顾及全面。

2. 专题性总结

这类总结是相对综合性总结而言的，它不是全面的回顾，而只是就一次活动、一项工作或一个方面的问题进行分析。常见于上级指定的重点工作汇报，也常见于报刊上的经验交流、经验介绍等。

（三）格式

工作总结大体分为标题、概述、正文、结尾（落款）四部分。

1. 标题

综合性总结标题通常包括“单位+时限+种类+文种”等几部分。如××单位××××年（月、季）工作总结；专题性总结的标题有三种写法。一种是与综合性总结相似，只是标题要写明专题名称，有时可以略去时限。如《××单位关于开展××工作的总结》。第二种是写明工作做法的标题。如《强化三项措施，实现××工作全面达标升级》。另外，标题中没有表明专题名称的，一般要加副标题注明，如《实行公开招标，强化规范管理——××单位全面落实招投标管理工作的做法》。

2. 概述

这是总结概要介绍基本情况的部分。这部分应简明扼要地叙述总结对象的基本情况、基本经过和成绩、收获，以及带有总体结论性的估价和评说。如果是有计划的工作和任务，还应说明是否达到了这个计划和预期的目的。尤其是总结带有硬指标的工作和任务，更强调这一点，是否达到该指标，超额多少，提前多少天完成等都需要在概述部分写清楚。

综合性总结因为要比较全面地反映情况，所以各方面的工作都要有所涉及。当然，全面涉及并不是事无巨细都要说到，应当突出其中的重点。专题性总结因为涉及的工作只有一项或只有一个侧面，因此概述部分一般只作纵向的简要回顾而不作横向的情况叙述。

3. 正文

这一部分主要说明工作的做法、体会及正反两方面的经验教训，这是总结的核心部分。这一部分要从分析具体事实入手，发现事物的本质，找出规律。

4. 结尾

结尾部分所要回答的，主要是存在的问题和不足，以及今后努力的方向。

（四）基本写法

采取什么样的结构形式写总结，必须根据具体内容而定，常见的结构方式有以下几种：

1. 标题式写法

这种写法是以若干小标题作为全篇总结的构架，好处在于条理清楚，纲举目张。小标题有并列式和递进式等种类。如一篇总结正文列了以下两个小标题："从刹赌博走私风入手，进行遵纪守法教育"、"从开展文明礼貌活动入手，进行社会道德风尚教育"，就是一种并列式标题；再如"强基固本，从理论上讲清原理"、"纵横比较，从事实中看清优劣"、"自由辩论，从分析具体问题入手解难消疑"，就是一种递进式小标题。

2. 条文式写法

这种写法是用一、二、三、四等序数词给每一自然段编号的总结格式。通过给每个自然段编号，总结被分为几个问题，按问题谈情况和体会。这种格式灵活，方便。

3. 贯通式写法

这种写法，既不列条款，也不例外分小标题，而是从头到尾，一气呵成，围绕主题，总结事物发展的主要过程。这种写法要求写作者对材料烂熟于心，思路清晰，善于组织表达。贯通式写法一般不适合于篇幅过长的总结。

三、例文评析

【例文】

售后服务是企业的命根子

——××集团技术服务中心××××年工作总结

××××年，××集团技术服务中心全体员工和分布在全国各地维修网点的员工一起，根据××总经理关于"售后服务是企业的命根子"的指示精神，坚持"拥有××电器，享受一流服务"的宗旨和"一切为了使用户满意"的标准，发扬"同心多奉献，合力创一流"的企业精神，大力开展优质服务活动，扎扎实实地做好各项工作，实现了××××年的总体目标。全年维修合格率达99.8%，比去年上升了30.3%；维修返修率0.2%，比去年下降30.13%；用户反馈处理率100%，全年未出现重大的维修质量投诉，赢得了用户和社会各界的好评，促进了××系列产品的销售，促进了售后服务工作向服务质量标准化、服务网络体系化、服务管理规范化、服务方式多样化、服务经营一体化的方向发展。

回顾一年来，我们主要做了以下几项工作：

一、优化网点建设，加强网点管理

经过十多年不懈的努力，我们形成了具有××品牌特色的售后服务三级管理体系。但是，随着内外环境的变化，尤其是面对日趋激烈的市场竞争，如何充分发挥这个体系的作用，则是需要下一番苦工夫的。为此，年初我们便提出了建立以“沟通、指导”为原则的网点管理体系、以“激励、扶持”为重点的积极保证体系的目标，扎扎实实地抓了以下几项工作：

1. 开展网点升级达标活动。制定网点升级达标标准和考核验收方法，对网点进行定期考核和升级考评，促使网点管理逐步达到制度化、程序化、标准化的要求。

2. 开展网点调研考察。(略)

3. 合理调整网点布局，扩大维修服务的覆盖面。(略)

4. 开展用户抽查，优化网点结构。(略)

二、调整售后服务策略，适应市场和用户需要

1. 增加服务项目，扩展服务范围。(略)

2. 转换服务形式，提高服务水平。(略)

3. 开拓服务经营一体化道路，增强自身实力。(略)

三、提高员工素质，深化优质服务（略）

四、开展“××电器百日维修服务质量无投诉”活动（略）

××××年是集团事业发展的关键一年，也是实现集团中期发展规划的决定性一年。我中心必须进一步贯彻落实关于“服务先于销售”的指示精神，坚持“一切为了使用户满意”的最高标准，把售后服务工作作为首要任务，为维护我集团品牌信誉作出更大贡献。

××集团技术服务中心

××××年×月×日

（例文选自韦志国主编：《秘书写作》，大连理工大学出版社 2012 年版，第 49~50 页）

评析：这是一篇综合性的工作总结，标题采用双行标题，正标题点明主旨，副标题补充出总结的单位、时间等信息。前言概述基本情况，包括总结所涉及的时限、单位、背景、工作任务，并引用具体数据概括了完成情况；紧接着用一句过渡性语句转入主体部分，主体部分主要按照一定逻辑顺序，围绕中心从四个方面列举了这一年的工作；文章最后以展望作结。

四、注意事项

1. 要明确总结的目的

目的不同，内容的侧重点也不一样。如果是向上推荐典型，向外单位介绍经验，那就得把成绩和经验作为重点；如果是向下报告情况，就得把大家关心的问题介绍详细。不明确总结的目的，写起来无所针对，就难以收到应有的效果。

2. 要实事求是

成绩不夸大，缺点不缩小，更不能弄虚作假，这是分析、得出教训的基础，总结中的数字尤其要准确无误。

3. 要条理清楚

总结是写给人看的，条理不清，人们就看不下去，即使看了也不知其所以然，这样就达不到总结的目的。

4. 语言要朴实、准确、简洁

写作时，要做到一是一，二是二，不能含糊其词，也不能虚词连篇。“大部分”、“大概”、“基本上”之类的模糊语言应尽量避免。

5. 要写出特色

一是要认真分析实际情况，充分占有材料；二是要善于比较，通过与过去比、别人比、比出不同，比出自己的特色。

五、技能实训

（一）文种评析

这是一份总结的概述部分，请结合所学知识，对此进行评析。

阳光明媚，鸟语花香，在这新的一年到来时，让我们一起回忆一下过去的一年××分公司的主要工作吧。在××××年的工作中，在总公司的领导和具体指导下，我们转变思想观念，较好地完成了总公司下达的任务，为行业的发展作出了应用的贡献。虽然我们的贡献对于总公司来说可能很微小，但是作为总公司的一部分，我们的心情是振奋的，我们感觉无比光荣。

（二）写作实训

假如你是一名大三的学生，经过 3 个月的顶岗实习，你圆满完成了各项学习任务，收获了很多宝贵的工作经验和生活体验，也发现了自己专业学习和实践能力方面需要改进的地方。请依此写一份顶岗实习工作总结。

（三）拓展训练

下面是××县卫生局一份工作总结的层次排列，请按应用文结构的知识检查一下该文在结构层次方面存在的问题。

开头：概述了一年来总的工作情况及取得的主要成绩。

主体：并列讲了以下五个问题：

（1）加强各级领导班子的自身建设。

（2）健全制度，落实岗位责任制，不断提高管理水平。

（3）做好基层卫生网点的建设工作。

（4）基层卫生工作出现了新面貌。

（5）问题及今后打算。

（四）情景模拟

情景：李××按照公司要求，不仅按时完成了某旅游公司总经理下达的××月的销售任务 10 万元，而且还超额完成 2 万元。公司领导在全公司对其给予通报表扬，并奖励现金 2000 元。李××很受鼓舞，他决心对这一个月的工作进行一次小结，以便更好地做好未来的工作。请你发挥自己的聪明才智，帮助李××写好这份总结。

任务三 公 函

一、情境导入

在纷繁复杂的经济和社会活动中，因商谈公务、接洽工作、询问事情、征求意见、答复问题、请求帮助、告知情况、催办事务等方面的需要，我们经常会起草、写作和向不相隶属单位传递的一种正式公文，它就是公函。在公文的应用中，公函的用途是比较广泛的。同学们毕业后，会成为公司白领、蓝领工人、部门或业务主管、公务员、职业经理人……无论你从事何种工作、何种岗位，一定会接触到它。因此，正确了解公函的基本知识，熟练掌握公函的写作技巧对大学生来说非常重要。

二、必备知识

（一）概念

公函即公务信件，是公文中唯一的平行文，是上下级和平行机关或不相隶属机关之间在商洽和联系工作、询问和答复问题时所使用的文体。

（二）特点

1. 平等性和沟通性

函主要用于不相隶属机关之间互相商洽工作、询问和答复问题，体现着双方平等沟通的关系，这是其他所有的上行文和下行文所不具备的特点。即使是向有关主管部门请求批准，在双方不是隶属关系的时候，也不能使用请示和批复，只能用函，并且措辞、口气也跟请示大不相同，也要体现平等性和沟通的特点。

2. 灵活性和广泛性

函对发文机关的资格要求很宽松，上级机关、基层单位；党政机关、社会团体、企事业单位，均可发函。函的内容和格式也比较灵活，而且不限于平行行文，所以运用得十分广泛。

3. 单一性和实用性

函的内容必须单一，一份函只能写一件事项。函不需要在原则、意义上进行过多的阐述，重务实。

（三）函的分类

（1）按发文的性质分公函与便函。公函是正式的公文，像一般公文一样，有文件头、有发文字号、有标题、有公章，总之，严格按照公文格式撰写制作。便函不属于正式公文，格式可以比较随意，没有文件头，没有发文字号，甚至可以没有标题。但正文之后，要有机关署名、日期和公章。

（2）按行文的方向分发函和复函。主动制发的函为发函，回复对方来函的函称为复函。

(3) 按行文的内容分商洽函、询问函、请批函、答复函。

(四) 格式

1. 首部

首部主要包括标题、发文字号、主送机关。其中：

标题。公函的标题一般有两种形式：一种是由发文机关名称、事由和文种构成，如《××局关于请求批准节约能源中心编制的函》、《国家税务局关于人民银行委托加工饰品征税问题的函》；另一种是由事由和文种构成，如《关于鄂穗两地携手联合打捞中山舰的函》。

发文字号。可以省略，如为完整形式，即由发文机关代字、年号、顺序号组成。函的发文字号机关代字要加一个“函”字。如鄂府函〔2015〕23号。

主送机关。即受文并办理来函事项的机关单位，于文首顶格写明全称或者规范化简称，其后用冒号。如“各省、市、区人民政府、国务院各部门办公厅（室）:”。

2. 正文

正文主要包含开头、主体、结尾、落款。其中：

开头。主要说明发函的缘由。一般要求概括交代发函的目的、根据、原因等内容，然后用“现将有关问题说明如下:”或“现将有关事项函复如下:”等过渡语转入下文。复函的缘由部分，一般首先引叙来文的标题、发文字号，然后再交代根据，以说明发文的缘由。如：“你单位××〔××××〕××号函悉”；“贵单位××××年××月××日来函收悉”。

主体。这是函的核心内容部分，主要说明致函事项。函的事项部分内容单一，一函一事，行文要直陈其事。具体事项，内容较多时可以分条列项陈述。如果是复函，要注意答复事项的针对性和明确性，并根据对方来函所询内容逐一答复。

结尾。一般用礼貌性语言向对方提出希望，或请对方协助解决某一问题，或请对方及时复函，或请对方提出意见或请主管部门批准等。通常应根据函询、函告、函或函复的事项，选择运用不同的结束语。如“特此函询”、“请即复函”、“特此函告”、“特此函复”等。

落款。署名机关单位名称，写明成文时间，加盖公章。

三、例文评析

【例文】

××市港务局关于请求将××港扩建工程项目列为市重点工程的函

××市重大工程立项办公室：

我局下属××港是京杭运河上的大型煤炭专业中转港口。该港口自2000年投产以来，生产形势较好，到2010年年吞吐量已达800多万吨。目前港口的设备、货场等基础设施已无法满足市场份额的进一步扩大和实现跨越式发展的需要，因此在充分调研的基础上，拟在港口北侧扩建货场约2000亩，同时新增两条作业线。港口预算扩建工程需要5000万元（具体明细附后）。

根据我市文件（规建字〔2008〕123号）精神，凡工业基础项目总投资额达4800万元的，可列为市重点工程项目。请贵办到现场勘探，进行研究，尽快将××港扩建工程项目列为市重点工程项目。

盼复。

附件：××市××港扩建工程预算项目明细（略）

××市港务局（公章）

2011年3月10日

评析：这是一份请求批准函。请求根据既有具体事实又有文件精神，并附有附件，理由充分，表述清晰。请求事项即是将××港扩建工程项目列为市重点工程项目，结语简洁，符合请求函的写作要求。

关于同意将××港扩建工程项目列为市重点工程的复函

××市港务局：

你局2011年3月10日《××市港务局关于请求将××港扩建工程项目列为市重点工程的函》（×港函〔2011〕12号文件）收悉。经我办组织专家实地考察和有关会议论证，同意将你局下属××港扩建工程项目列为市重点工程项目。

此复。

××市重大工程立项办公室（公章）

2011年4月10日

评析：这是一份批准函。复函先点明了来函的日期、标题和文号，针对性强。然后写明复函依据和复函意见，结语简洁。函件短小精悍，但麻雀虽小五脏俱全，结构完整、事项清晰，文字精练。

四、注意事项

（1）开门见山，直奔主题。无论去函还是复函，都不要转弯抹角，切忌空话，套话和发空泛的议论。

（2）一文一函，简洁明了。

（3）语言要规范得体，并体现函的用语特色。发函要使用平和、礼貌、诚恳的语言，对主管机关要尊重、谦敬，对级别低的单位要平和，对平行单位和不相隶属的单位要友善。切忌使用生硬、命令性的语言。复函，则态度要明朗，语言要准确，避免含糊笼统，犹豫不定。

五、技能实训

（一）文种评析

阅读这份公函的内容，利用所学知识分析其存在的问题，并加以修改。

××厂关于抓紧归还物业服务公司借款的函

××市第三电缆厂：

你厂于2014年1月，从我厂借去资金3万元，作为你厂物业服务公司开办费，当时双方讲好年内一定归还。目前已经是2015年1月了，我厂正在编制2014年的财务决算，为使我厂能做好各类款项的清理结算，要求你厂务必将借款于1月20日前归还我厂，切不要一拖再拖。

此致

敬礼

××××年×月×日

（二）写作实训

湖北省人民政府收到××省人民政府《关于商洽经贸协作关系事宜的函》（×政函〔2013〕×号），经研究，同意合作并用函回复，请代拟写这篇复函的标题和缘由部分。

（三）拓展训练

公函的种类很多，你能从以下公函的标题中指出其分类吗？

1. ××省体育动员委员会关于询问举办全省农民运动会有关比赛项目的函
2. ××省人民政府办公厅关于申请拨款维修省政府机关办公室的函
3. 关于批准录用××等××名同志为国家公务员的函
4. 关于邀请参加××公司2018年新产品发布会的函

（四）情景模拟

假如你是A学院学生会主席，为了加强与B学院学生会在学生社团建设方面的交流与合作，请你给B学院学生会写一份公函，商洽此事。

项目三　求职类文书写作

任务一　求　职　信

一、情境导入

为了能找到自己满意的工作，大学生李××找到许多求职网站，上面有许多招聘信息，按地区或工种都可查询，相当方便。李××投递求职材料时秉承“多多益善”的原则，对自己心仪的公司从经理助理到业务员一个不落地“全面发送”，觉得这样就可以增加成功的概率，如果遇到特别中意的公司，在第一次发出简历没有面试消息后，她还会将求职材料重复发送一遍。

一转眼，李××上网求职已有一个多月，她遗憾地说：“我每天都上网查看我的电子信箱，但仍杳无音信。”

求职材料应该有针对性地制作，避免“广种”换“薄收”，许多求职者频频向招聘单位发求职材料，却忘了如果不符合招聘条件的话在第一轮过滤时就会被淘汰；此外，这样做会让人力资源经理认为大学生不明确自己的定位，缺乏明确的求职意向，不具备职业素质。

二、必备知识

（一）概念

求职信是求职者向欲谋求职业的单位介绍自己的基本情况、求职意向和自身能力，提出供职请求的书信。

（二）特点

1. 针对性

每一个职位都有其对应的知识与能力的要求，因此，求职信要针对求职单位的实际情况、读信人的心理和个人的求职目标来写。

2. 自荐性

求职信是求职者与用人单位沟通的一种媒介，在相互不了解的情况下，求职者要善于推介自己，并恰如其分地表现自己，用自己的成绩、特长、优势，甚至用自己的个性吸引对方。

3. 独特性

求职就是竞争，要想在竞争中取胜，必定要出类拔萃，不同一般。因此求职者个人的独特性应该在求职信中得到充分体现。

（三）格式

1. 标题和称谓

标题应醒目、简洁、庄重，用较大字体在信上方居中位置标注“求职信”三个字。

称谓要礼貌得体。通常称谓写单位名称或单位的人事部门或人力资源部门，如果求职方向明确而且知道接收材料的具体人员时，可以称呼得具体一点。

2. 正文

（1）首先写求职人的自我简介或用人信息的获得渠道，交代应聘职位。如，“我叫李××，是××职业技术学院汽车装潢与营销专业的应届毕业生。见《××日报》贵公司招聘启事，我有意应聘其中汽车销售员一职”。

（2）接着具体介绍自己的专业优势，即学习的主要专业课程，参加的专业实践活动及在各类专业竞赛中的获奖情况等，要充分展示自己在专业方面的突出成绩，使自己在众多应聘者中出类拔萃。

（3）再介绍自己的工作能力及爱好特长，包括课余兼职等社会实践，自己在校期间担任学生会、班级的主要干部职务，以及在以上各类活动中获得的组织能力、人际交往能力、口头表达能力等综合素质。

3. 结尾

结尾部分以诚恳的态度表达自己希望被择优录用的愿望及录用后的打算。如“希望能给我一个为公司作出贡献的机会，热诚地期待公司的答复”或“我热切希望能够加入贵公司的团队”、“谨候佳音”等。

4. 落款

按信函格式写上个人姓名、日期。

三、例文评析

【例文一】

求　职　信

尊敬的人力资源部门负责人：

您好！

我叫丁××，是会计电算化专业的一名应届毕业生，就读于××职业技术学院。近日，从我校就业办得知贵公司招聘会计三名，自问对于此项工作尚能胜任，故大胆投函应征。

紧张而充实的大学生活即将结束，在这三年的学习生活中，我不断地严格要求自己，努力提高自己的专业知识水平、学习适应能力、人际交往能力。通过努力学习，我于2016年10月取得会计从业资格证书；于2016年12月，通过了英语四级考试。学校给了我们良好的学习环境，为我们配备计算机，方便我们学习计算机方面的知识，并能够熟练地掌握办公自动化操作。我有不断进取的精神，在取得会计从业资格证书之后，在校学习期间参加了学校组织的初级会计职称培训，并在培训班中努力学习。另外，我在2016年假期曾在××公司做过兼职，担任促销员的工作，在做兼职工作的这段时间，锻炼了自己吃苦耐劳的精神。

我做事认真，勤于思考，敢于创新，并具有较强的责任心。我对自己充满信心，希望能够得到领导的赏识，给我一个展现自己的平台，我必将以务实的作风，实干的精神，发挥我的专业技术能力，全身心地投入工作，以优异的成绩、出色的表现得到您的信任与肯定。

感谢您在百忙之中审阅我的求职信，并以录用为盼！

此致

敬礼

丁××

2017年3月5日

（例文选自 http：//www. jianli-sky. com/jobletter/4556. htm，有改动）

评析：这份求职信能从读信人的角度组织内容，文字流畅、格式正确、重点突出，开篇写明了个人情况或用人信息的获得渠道，交代应聘职位；接着从专业学习和社会实践说明自己能胜任这份工作；文尾表达了自己希望被择优录用的愿望。

【例文二】

求 职 信

尊敬的公司领导：

您好！

我叫陈××，是××技师学院机械系工业设计与制造专业的应届大专毕业生。获悉贵公司在我院的招聘机电设备维护员，比照贵公司的要求，我觉得符合招聘条件。

自进入学校以来，我刻苦学习、严格遵守学校的规章制度，尊敬师长，团结同学，乐于助人，在德、智、体、美、劳方面得到全面发展。经过几年不断的学习，在各方面都取得了长足的发展，我已顺利完成了大学阶段的各门课程，并且机械设计制作、模具设计、特种加工等课程成绩优异。

在校期间我还利用业余时间学习了许多与专业相关的课程，比如WORD、手绘到AutoCAD的机绘，再到solid works的三维建模，我都有较深入的涉猎，磨床、铣床已取得相应的证书。

思想上，我积极要求进步，在学校期间，除学习外，还积极参加了许多社团社会活动，从中锻炼自己，从多方面提高自己。平时我的课余活动也十分广泛，乒乓球、篮球、羽毛球等球类运动都是我的爱好，还喜欢阅读书籍。

希望领导接纳我，成为贵公司的一员，凭借我的热情和才能，不遗余力地和大家一起为贵公司的腾飞做贡献。再次感谢您对我的关注。最后，谨祝贵公司事业蒸蒸日上，前程似锦！

此致

敬礼

求职人：陈××

××××年×月×日

（例文选自 http：//www.chinesejy.com/shixi/gerenjianli/qiuzhixin/490593.html，有改动）

评析：这份求职信具有个人特色，能体现出专业水平，语言表达简洁，内容、语气、用词的选择适当，显示出求职者是一个认真、有责任心的人，这样的求职信能帮助他树立良好的第一印象，取得面试的机会。

四、注意事项

（1）正文部分要突出重点。展示能力时要围绕所聘职位来集中展示，关系不大的能力、经历、个性、爱好等尽量少说甚至不说，而与用人单位所需的专业、特长相一致的地方要作为重点详细地写。

（2）内容要具体。个人的工作、实习经历，所获得的荣誉等要写具体，不要一笔带过。对自己的评价不要用空洞的语言，而要举出具体事例或用数字说明。

（3）不要有格式、语法、标点等错误。写完后要反复修改，确保无误。

（4）篇幅适中。一页 A4 纸的内容就足够，最好不超过两页。

五、技能实训

（一）文种评析

请分析这份求职信存在的毛病。

求　职　信

刘总经理：

您好！

我叫张××，男，1994 年生，现为××职业学校 12 级会计专业学生，即将毕业。经过三年的专业学习，现已较系统地掌握了会计专业的基本知识，并具备了较强的会计工作能力。在校期间曾系统学过以下课程：会计学原理、统计学、计算机语言、商业会计、成本会计、工业会计、管理会计、会计法、会计电算化等，考试成绩均名列前茅。

愿接受用人单位的考核与挑选。

此致

敬礼

求职人：张××

××××年×月×日

（二）写作实训

假如你现在正值大学毕业，请结合自己所学的专业和自身的实际情况写一份求职信。

（三）拓展训练

以下是2016届毕业生小刘的求职经历：小刘是一个独立的人，他希望凭借自己的能力找工作，因而没有向更多的亲朋好友透露自己求职的意愿或信息。9月，他觉得时间还早，也还没有找工作的气氛，他自己也没有明确的求职意向，因此也未作针对性的准备。10月，身边的同学纷纷开始找工作，于是小刘从网上找来模板撰写了一份求职信准备求职，其中社会实践经历部分表述如下："2013年至今多次做过家教，2014年寒假在某酒店餐厅做服务员，2015年寒假在家乡某单位实习一个半月。"求职材料做好后，他开始直奔招聘会、宣讲会，包括网络途径，只要有机会他就投递简历，但面试通知迟迟没有收到。终于他收到一个面试通知，但他却记不起应聘的是什么职位，只好硬着头皮打电话问到了自己应聘的职位。面试当天，他特地向同学借来正装，准点到达面试地点。面试中他问了用人单位薪水问题，发现与他的要求相去甚远，最终他也没收到录用通知。

请你根据小刘的求职经历分析指出他求职过程中的一些主要不当之处，并提供一些参考建议。

（四）情景模拟

教师设置一个求职场景，例如某房地产公司招聘办公室文员、销售人员；某广告公司招聘广告策划；某电子企业招聘技术人员等。由三名同学（随机选择或主动报名）和教师作为面试主考官、3~5名学生作为应聘者，模拟面试场景，进行面试。面试结束后，请参与者和观看者谈谈自己的感受，最后教师点评。

任务二　个人简历

一、情境导入

有机构调查发现，近年来除传统的现场招聘方式外，在网络上寻求职位成为大学生一种新的求职渠道。"网络申请"使他们能够及时得到更多的工作信息，大大提高了成功就业的可能性，也改变了他们的就业信息渠道。当然，企业关注的还是求职者的内在素质。所以，大学生找工作的核心还是得练好内功。

一个名叫马文的23岁的大学毕业生凭着一段名为《仿惠普自我推荐广告》1分37

秒的微电影，就让几十份工作主动找上了门。现在马文已经在广州找到了自己梦寐以求的工作，但是他在视频中留下的邮箱每天仍然能收到十几封用人单位的邮件。而马文简历被网友称为“最牛视频简历”，他自己则被推为“最牛求职达人”。为什么马文成本低廉、短小精悍的简历让他成为众人热捧的达人呢？这简历制作究竟有什么门道？

二、必备知识

（一）概念

个人简历是求职者向招聘单位所作的简明扼要的书面介绍。包含自己的基本信息、联系方式，以及自我评价、工作经历、学习经历、荣誉与成就、求职意向、对这份工作的简要理解等。

（二）特点

1. 简

个人简历尽量简短，因为招聘方没有时间或者不愿意花太多的时间阅读一篇冗长空洞的个人简历。最好在一页纸之内完成，一般不要超过两页。

2. 真

不能凭空编造自己的经历，一定要按真实的情况填写，不要过分夸大自己的能力。

3. 明

用人单位招聘的是适合其一特定职位的人，如果简历的陈述没有工作和职位的重点，或是把自己描写成一个适合于所有职位的求职者，可能将无法在任何求职竞争中胜出。

（三）格式

1. 标题

在正上方标明“简历”二字即可，也可用个人姓名、联系方式作为标题。

2. 个人基本情况

基本情况，“基本”即可，主要包括：姓名、性别、出生日期、政治面貌、籍贯、学历、专业、毕业学校、联系方式。

3. 教育经历

按倒序写明何时何地在何校学习，可以列出在学阶段的部分课程，但不可面面俱到，而是要体现与所谋求的职位有关的课程。

4. 实践、工作经历

这部分是简历的重点。按顺序排列出在大学阶段所担任的职务，在各种实习中承担的工作。

在描述实践经历时切忌含糊不清，一定要将自己的具体工作明确地描述清楚。对实习经历，最好用一两句话概括自己的最大收获。叙述时不要面面俱到，要将自己参加的有较大价值和收获的社会实践活动写在简历上。如参加过学校哪些组织和社团，担任什么职位，主要职责是什么，完成了哪些任务，有一些什么成果；兼职、实习经历，大学期间在哪些机构、公司、团体实习，其间担任什么职位，主要负责什么，完成了哪些任务，有一些什么成果。

5. 能力、性格评价

包括个人基本技能，所获得的荣誉，以及自我评价等。

对基本技能和荣誉的介绍要具体，要与所谋求的职业特点、要求相吻合。必要时可以用数字加以说明，比如获得奖学金的同学可以说明该奖学金在整个年级有多少人等。

在评价自己的时候不要套话空话连篇，要注意突出对求职有利的专长、兴趣、性格、气质等。

三、例文评析

【例文一】

个人简历

姓名：×××　　　　　　　　性别：男

籍贯：山东省济南市　　　　出生年月：1994.10

专业：交通工程（汽车运用方向）

毕业院校：北京××大学

邮箱：××××@126.com

手机：×××××××××××

教育背景：

2012.9—2016.7　交通工程（汽车运用方向）

主修课程：内燃机理论　汽车构造与理论　汽车电器　汽车运用工程　交通工程　机械设计　理论力学　材料力学　工程制图　工程材料　液压与气压传动　工程测试技术　电子电工技术　人机工程学　生产管理等

2014.9—2015.7　辅修计算机专业

辅修课程：数据库与SQLSerner2000　网页设计　计算机网络与网络操作系统　多媒体技术及应用　VISUAL　BASIC程序设计及数据库应用开发　动态网页设计与WEB数据库开发等

获奖情况：

2005—2006学年被评为优秀学生干部

2006年在“学习，创新，成才”征文比赛中获三等奖

英语、计算机水平：

英语：CET六级　较强的英语听、说、读、写能力

计算机：全国计算机二级　VB证书　绘图软件AutoCAD　AdobePhotoshop7.0　3DMAX　Word、Excel等办公软件

社会实践及学习情况：

1. 2015年暑假　汽车专业综合实习

实习内容：在亚运村汽车交易市场、北汽福田汽车厂、北京吉普汽车总装车间、交通部汽车试验场等与汽车有关的生产、试验部门进行参观实习

实习收获：把理论与实践相结合，系统地强化了专业知识

2. 学习期间校内实习中心实习

主要内容：发动机拆装实习　金工实习（洗、刨、磨、铸造、焊接）　齿轮传动系课程设计

实习收获：锻炼了动手能力，加深了对理论课程的理解

3. 2013—2014 年　北京××大学团总支、成才成长中心副部长

主要工作：出色完成 2013 年工学院大学生助学贷款工作，协调组织小组工作人员，并承担对申请资格进行审核，签字仪式说明会的筹划主办，诚信资料库的建立以及后续相关的信用监督工作

工作收获：培养了协调组织能力及团队合作精神，具备了独立组织完成一项工作的能力

4. 2012 年至今　北京××大学篮球裁判组　优秀裁判员

社团描述：负责院系及班级篮球比赛裁判工作，为篮球运动爱好者创造交流学习的环境

参加活动：2014 年春季北京市高校乙级篮球联赛记录员，课余时间校内篮球比赛裁判员

社团收获：丰富了课余时间，社交能力得到了很好的锻炼

其他证书：

机动车驾驶执照

国家二级篮球裁判员

自我评价：

稳重大方，乐观开朗，容易与人相处，上进心非常强，遇到问题时善于思考并能积极地找出相应的解决方案，喜欢读书。求知欲强烈，比较喜欢篮球运动。

（例文选自 http：//www. stzp. cn/art/printpage. aspx？ ArticleID = 8135，略有改动）

评析：这是一篇文字式简历，简历以分条列款形式分别列出自己的履历。以个人基本情况、教育背景、获奖情况，英语和计算机水平、社会实践及学习情况，自我评价等为一条主线，时间上衔接准确，内容上客观实际，态度实在。

【例文二】

个人简历（参考模板）

姓名		性别		照片
出生年月		健康状况		
政治面貌		毕业院校		
学历		专业		
联系电话		电子邮件		

续表

教育经历	
主修课程	
专业技能	
英语水平	
计算机水平	
社会实践	
爱好特长	
荣誉成就	
相关证书	
求职意向	

评析：这是一份表格式简历模板，主要内容包括教育经历、社会实践、主修课程、专业技能、英语水平、计算机水平、爱好特长、荣誉成就、相关证书、求职意向，可供同学参考借鉴。

四、注意事项

1. 简历五要

一要突出姓名；

二要突出实践经历；

三要针对不同的公司做不同的简历；

四要用数字体现个人业绩；

五电话号码要写清楚。

2. 简历三不能

一不能出现拼写、语法、标点或打印错误；

二不能太花哨；

三不能出现薪金的历史记录和待遇要求。

五、技能实训

（一）文种评析

阅读下面一份求职简历，发现它的不足之处，并进行修改。

个人求职简历

姓名：×××　性别：男　年龄：21　籍贯：北京

学历：本科（应届毕业）　　专业：电子信息工程

通信方式：电话：010××××××××　×××××××××××

E-mail：×××××××@ sina. com

地址：北京市海淀区西八里庄×××

毕业院校：2010. 9—2013. 7××师范大学附中

2013. 9—2017. 6××大学电子与信息工程系

实践经历：2015. 7—2015. 8 北京××通信技术有限公司手机测试

2016. 8—2016. 9 中国××科技集团公司第××研究所　红外热像仪液晶屏驱动电路学习设计

所学专业课程：C 语言程序设计　数据结构　数字电路与逻辑设计　电子线路设计与测试　微机原理　通信电子线路　电磁场与电磁波　自动控制理论　数字信号处理　操作系统通信原理　微波技术基础　计算机网络信息论与编码数据库软件无线电技术基础嵌入式系统设计电子器件与 IC 设计　多媒体技术应用等

基本情况：本人学习成绩优良。熟悉 C、JAVA 语言编程。对 VERILOG 语言比较熟悉，能熟练使用 QUARTUS2D 等环境进行基于可编程逻辑器件的开发。了解 UML、MSC、SDL 等前期开发标准，进行需求分析和概要设计。了解数据库的基本管理。

本人踏实稳重，有上进心。

英语四级。

（二）写作实训

请将下面文章式的求职简历改写成信息量大、一目了然的表格式简历，相关内容可以合理处理。

个人简历

本人基本情况：

姓名：汪××　　性别：男　出生年月：1995. 3

政治面貌：党员　院校：××职业学院　专业：行政管理专业

主修专业课程：

社会学、逻辑学、行政管理学、人力资源管理学、人力资源管理案例、企业管理学、基础写作、公共关系学、公共计算机学、信息管理概论、法学基础、行政法与行政诉讼法、社会心理学、大学英语、行政领导和决策学、秘书学、行政生态学、应用写作、机关管理和办公自动化、政治经济学、公共政策学、人际关系学、谈判学、中国传统礼仪文化、公共管理学、社会调查研究学、行政哲学等

在校期间任职情况：

2013.9—2014.6　在班级担任班长职务

2014.9—2015.6　担任系学生会副主席

2015.9—2016.6　担任学生会副主席、班级体育委员

社会实践和实习情况：

2013.11—2014.6　辅导某初三学生各门功课，在一段时间的辅导、合作中，该学生的各门功课成绩均有提高，深受该生家长的好评。

2014.6—2014.9　在××市电影公司实习，负责办公室的日常事务，从事人事和企业行政管理，在实习结束后，各领导给予我极高的评价并给予奖励。

2015.6—2015.9　在暑假期间，在当地的市政府部门里担任办公室助理职务，处理各项管理事务，协助领导做好管理工作，受到领导们的一致好评和肯定。

2016.4—2016.8　在××省工商行政管理局合同处实习。运用熟练的办公自动化设备，起草及审查各种办公室文件；编排、打印档案；处理办公室日常事务，与其他各单位、部门做好协调，协助本部门领导做好管理工作等。通过自己的努力认真负责完成任务。

在校期间获奖、成果情况：

2014—2015 学年荣获“三好学生”称号。

2015—2016 学年荣获“优秀共青团员”称号。

2016 学年荣获“实习积极分子”称号。

在校足球联赛中获得第二名。

获得证书情况：

大学英语四级证书、全国计算机二级证书、秘书中级技能证书、公共关系资格证书。

个人专长：

交际、组织、管理、写作、电脑、文学、足球、音乐等。管理理论知识结构牢固，能充分并成功地运用于实际中；英语基础知识较扎实、具备一定的听、说、读、写及翻译能力；熟悉计算机网络、熟练掌握办公自动化，对各种硬件安装及各种软件的运用有丰富的实践操作经验。

自我评价：

本人性格开朗、稳重、有活力，待人热情、真诚。工作认真负责，积极主动，能吃苦耐劳。有较强的组织能力、实际动手能力和团体协作精神。

求职意向：

企事业单位、国家行政机关中从事行政管理、人力资源管理、文秘、行政助理等相关工作。

（三）情景模拟

学校拟于11月5日上午8:30在学生活动中心举行冬季校园招聘会。具体招聘单位有中国联通广东分公司、美的公司国际事业部、武汉中原电气公司等100余家企业，招聘岗位基本涵盖我校所有专业，假如你是求职大军中的一员，请同学根据自己个人情况、专业特点、求职意向写一份求职简历。

（四）拓展训练

随着网络技术的进步，传统纸质的简历受到了挑战。时下，上网的时候你若想躲开微博还真不容易。又一个求职季到来之际，短短几十个字的“微简历”成了今年众多求职者的新名片。什么是“微简历”？顾名思义，就是在微博上兴起的简历。许多公司在微博上发布招聘岗位和要求，求职者按要求发布微博，要在相应字数以内介绍自己的基本情况和专长，用这份“微简历”来打动考官，谋求进一步的面试机会。请你根据自己的情况写一份字数在120字以内的“微简历”。

任务三　竞　聘　辞

一、情境导入

“如果我竞聘成为院长助理，我首先要提高课堂学习氛围，倡导同学们不在课上玩手机。”2015年11月24日，在××职业技术学院举行的院长助理竞聘大会上，站在台上竞聘的不是教工，而是12位“90后”学生，其中既有优秀的班级学生干部，也有专业成绩过硬的同学。此次学生竞聘的选拔流程与学校选聘中层干部的流程完全一致，经过自愿报名、资格审查和笔试，在最终考核环节，学校将考核竞聘者的团队组织能力、专业技能、动手能力和对时事政治、学校规章制度以及职业教育发展趋势的了解情况。

××职业技术学院院长张××表示，经常有企业反馈，技能人才应聘时“敏于行”却“讷于言”，羞于推销自己。为此，该校通过选聘学生院长助理等举措，激发学生自主提升综合素质的积极性。竞聘成功的学生院长助理不仅有聘书，还有每月要完成的工作和规范的人事考核制度，胜任者可获学校发放的300元/月工资。

二、必备知识

（一）概念

竞聘辞，是指参加竞聘者为了实现竞争上岗，就自我竞聘条件、未来的施政目标和构想所发表的公开演讲。

（二）特点

1. 目标的明确性

在竞聘演讲时，竞聘者向评审人员及听众讲清自己的应聘条件，突出自己的优势，以及将来如何完成应承担的职务和工作，即总体内容应始终围绕岗位职务工作进行，做到目标明确，不可开口千言，离题万里。

2. 内容的竞争性

竞聘除了必须达到基本素质条件之外，更重要的是目标与措施的竞争。只有具备了明确、先进的目标，且有切实可行的措施来保证，才会取得竞争的成功。

3. 措施的条理性

为了把措施讲得有条理，可用列条的方法，如“第一点”、“第二点”或“其一”、“其二”等表示。除此，在每一“步”之间要用“过渡语”来承上启下。如，当自我介绍之后，可以“我之所以敢于来竞聘，是因为我具备以下条件”来引出下文；讲完条件后，可以再搭一个“桥”：“以上我讲了应聘的条件，那么，假如我竞聘上了××岗位，会采取什么措施呢？下面就谈谈我的初步设想。”这样不仅条理清楚，而且使演讲上下贯通，浑然一体。

（三）格式

1. 标题

竞聘辞的标题有三种写法。一种是文种标题法，即只标“竞聘辞”；一种是公文标题法，由竞聘人和文种构成或竞聘职务和文种构成，如《关于竞聘××公司经理的演讲》；还有一种是文章标题法，可用单行标题拟制，也可采用正副标题形式，如《让收音机制造厂腾飞起来——关于竞聘××收音机制造厂厂长的演讲》。

2. 称谓

称谓即对评委或听众的称呼。一般用“各位评委”、“各位听众”即可。

3. 正文

（1）开头。为制造友善、和谐的气氛，开篇应以“感谢给我这样的机会让我参加竞聘”、“恳请评委及与会同志指教”等礼节性致谢词导入正题。紧接着阐明自己发表竞聘演讲的理由。开头应写得自然真切，干净利落。

（2）主体。

首先，介绍个人简历。可分两个层次：第一层简明介绍竞聘者的基本情况；第二层对自己与竞聘岗位有联系的工作经历、资历作出系统、详实的说明，便于评审者比较与选择。

其次，摆出竞聘条件。竞聘条件包括政治素质、政策水平、治理能力、业务能力以及才、学、胆、识各方面的条件。可以结合自己前一时期的工作来写，如自己曾做过什么相关的工作，效果如何，从中展露出自己的水平、能力、知识和才华。

最后，提出目标、构想、方案。这部分是竞聘者假设已被聘任后，对应聘岗位所提出的目标及实现的具体措施。措施必须针对目标来制定，要明确具体，可操作性强，且密切联系岗位实际，从岗位工作出发。

（3）结尾。写出自己竞聘的决心和信心，请求有关部门和代表考虑自己的愿望和请求。

三、例文评析

【例文】

竞　聘　辞

尊敬的各位领导、老师：

大家好！

我叫李怀，2010年毕业于吉林传播学院播音与主持艺术专业。我的特长是新闻播音、主持、演讲。我应聘的岗位是主持人或编导。

在过去的一年里，上半年，我曾在商报文体中心、人民广播电台经济生活频道实习，并很荣幸作为特约主持人主持了广播经济生活频道与市人民广播电台经济文艺台联合直播的《大拜年——齐鲁一家亲》春节特别节目；下半年，在电视台节目中心《大旅游》栏目任策划与撰稿。

我的名字是李怀。中国有句成语，叫"以身相许"，那么，今天，我——李怀，愿把我的身心，我的全部青春与智慧，奉献给为商海服务的电视台商务频道，奋力为经济改革大潮推波助澜！

记得作家柳青说过这样一句话，"人生的道路虽然漫长，但紧要处往往只有几步，特别是当人年轻的时候"。今天，在我人生的紧要处，还望在座的各位领导、老师，给我一个"以身相许"的机会！

谢谢！

（例文选自毛燕敏、李永宏主编：《应用文写作》，高等教育出版社2012年版，第187页）

评析：这是一篇简洁而有独特个性的求职竞聘辞，简单陈述了自己曾经主持过的两档节目，并没有过多地吹嘘自己的工作业绩，非常得体；后半部分主要用成语"以身相许"表达自己渴望加入该频道的诚意，把选择权交给了在座的评委，非常巧妙，同时也给评委留下深刻印象。

四、注意事项

竞聘辞的写作质量不仅取决于竞聘者的文字水平，也是其综合素养、业务能力等诸多方面的综合反映。因此，除了观点鲜明、内容充实、语言通顺外，还要注重以下问题：

1. 实事求是，明确具体

竞聘者应实事求是，言行一致。每介绍一段经历、一项业绩都必须客观实在，如给单位创造了什么效益等，一定要讲清楚，不能吞吞吐吐，模棱两可。要言而有信，不说过头话。

2. 调查研究，有的放矢

竞聘演讲是针对某岗位而展开的，因此，写作前必须了解招聘单位情况，以便在演讲时有的放矢，战胜对手。

3. 谦虚诚恳，平和礼貌

竞聘者是通过答辩实现被聘用目的的，只有给人以谦虚诚恳、平和礼貌的感觉，才能被认可和接受。所以，竞聘辞十分讲究语言的分寸，表述既要生动，有风采，打动人心，同时又要谦诚可信，情感真挚。

五、技能实训

（一）文种评析

当竞聘演讲结束时，一般都要礼貌地说声“谢谢”。但“谢”字也有会说不会说之分，会说的，不仅可以表示自己礼貌待人的文明素质，还可成为沟通人们心灵的虹桥。

请看下列三段结尾，分析这三种结尾的优劣。

“我的演讲完了，谢谢。”

“最后，让我再次感谢领导给我这个难得的竞聘机会，感谢各位评委和在座的所有听众对我的支持和鼓励。”

“今天天气这么冷大家还都来捧场，这使我非常感动。无论我竞聘是否成功，我都要向各位领导、评委和在座的朋友们表示深深的谢意！（说完给大家深深地鞠了一躬）”

（二）写作实训

假设你们学校将进行学生会改选，请你作为候选人之一发表你的竞聘演讲。根据个人意愿，拟写一则竞聘辞。

（三）情景模拟

模拟竞聘：竞选学生会主席（或其他学生干部）。

具体步骤：将教学班级分成若干组，每组推选一名组员代表作为竞选学生会主席（或其他学生干部）的候选人；再从各班推选出主持人1人，评委6人（也可从每小组中推选人选担当评委）。候选者抽签上台发表竞选演讲；评委打分（要求记录下粗略意见）；评委合议；评委代表宣布竞选结果，并对候选人的表现进行点评；最后教师点评。

（四）拓展训练

下面是面试时可能会涉及的提问，你觉得怎么回答才算得体，请试回答。

（1）请你作一下自我介绍。

（2）你觉得你个性上最大的优点是什么？

（3）说说你最大的缺点？

（4）你对加班的看法？

（5）你对薪资的要求？

（6）如果通过这次面试我们单位录用了你，但工作一段时间却发现你根本不适合这个职位，你怎么办？

（7）在完成某项工作时，你认为领导要求的方式不是最好的，自己还有更好的方法，你应该怎么做？

（8）如果你的工作出现失误，给本公司造成经济损失，你认为该怎么办？

（9）如果你在这次考试中没有被录用，你怎么打算？

（10）如果你做的一项工作受到上级领导的表扬，但你主管领导却说是他做的，你该怎样？

（11）你怎么理解你应聘的职位？

（12）喜欢这份工作的哪一点？

（13）就你申请的这个职位，你认为你还欠缺什么？

项目四　会议类文书写作

任务一　会 议 通 知

一、情境导入

为贯彻落实国务院关于“带头精简会议和文件，勤俭节约，降低行政成本”的批示精神，各地对会议的数量、会议进行的天数、发言时间长度、与会者人数、文件字数等，都给出了硬性指标。

当前不少地方政府及其部门都已具备召开电视电话会议与网络视频会议的条件，除了精简那些并非必要举行的会议之外，不少会议其实完全可以通过这些远距离会议的方式召开，而不一定非要人员坐在一起面对面地开会，远距离会议的花费要少得多，对正常工作的影响也要小得多。就此而言，用电视电话或网络视频会议代替传统形式的会议，能让花费经费安装的相关设备得到更为有效的利用。

在某单位的一次会议中，会议报到时，每位参会人员领到的不再是以往外观精美的手提袋，而是一个印有单位标志的牛皮纸信封袋，里面装着三张 A4 纸大小的公文纸、一支碳素笔、一张会议须知及一本五页的会议材料。以往需要开三天的会议，现在一天之内就完成了所有的会议议程，而会议程序的精简，也使筹办会议的经费大大削减了。

可以说，在全国上下掀起一场精简会议的“瘦身”热，是大势所趋，也是民心所向。但无论何种会议形式，会议如何“瘦身”，会议前发布的会议通知是必不可少的文件。

二、必备知识

（一）概念

会议通知是上级对下级、组织对成员或平行单位之间部署工作、传达事情或召开会议等所使用的应用文，是向与会者传递召开会议信息的载体，是会议组织者同与会者之间会前沟通的主要途径。

会议通知承担着传递会议信息的重要责任，是会前准备工作的重要环节。会议组织者在作出召开会议的决定之后，应将有关会议通知的信息传递给与会者。通知的传递可以通过当面告知、电话通知、发传真、书面形式或电子邮件等形式进行。

（二）格式

1. 标题

通知的标题一般应采用规范化格式，由发文机关、事由和文种三要素构成。通知也可以有省略式标题，可省略发文单位和事由。必须注意的是，事由部分一定要写得醒目、明确，能够概括正文的主要内容。

在会议通知的撰写中，标题可采用规范式标题或省略式标题，在实践工作中，有以下几种具体写法：

（1）由主办者名称、会议活动的名称和“通知”组成。标题中标明主办者的名称有助于突出主办者形象，并方便查找检索。基本格式为：《××（主办者名称）关于召开（或举行）××会议的通知》。

（2）省去主办者的名称，由会议名称和“通知”组成，用于多家单位联合主办的会议。由于主办者较多，都写入标题会使标题显得臃肿，可将主办者写入主文。基本格式为：《关于召开（举行）××会议的通知》。

（3）仅写“会议通知”四字，作为标题。

2. 主送机关

通知一般应标注主送机关，即应在通知中指定承办、执行或知晓通知内容的受文机关。因为通知多为下行文或平行文，可出现多个主送机关，标注时，可用统称。主送机关应写得全面，不要有遗漏。在会议通知中，主送机关即为会议的参与者所在单位。

3. 正文

通知的正文一般分开头、主体、结语三个部分。

（1）开头部分说明通知制发的原由、目的、依据或情况，应写得言简意赅。内容简单的通知，可以省略发文的缘由，直接写发文目的。

（2）主体部分是通知的核心内容，即要求受文单位承办、执行或应予以知晓的事项，包括会议的名称、会议召开的时间和地点、会议的主要内容和议程、与会人员、报到的时间和地点等。如果会议会期较长、涉及范围较广、规格较高，在会议通知中还要根据实际情况写清出席会议需要的准备工作，如要求携带的材料、食宿及会务经费等其他有关事宜的安排。有的会议通知还需附加“回执”，要求与会单位和人员提前告知参加会议的人员名单、职务、性别和联系方式，乘坐的交通工具信息，到达的时间及是否预订返程票等情况。有的会议通知还要附上会议日程安排和与会的有关证件。

（3）结语部分即正文的结束语。一般多用“特此通知”、“专此通知”等惯用语或提出希望要求、发出号召作结。

会议通知的写作应注意内容具体、周全，不要产生歧义。规范的会议通知一般采用分条列项式写法。

4. 成文日期

在正文的右下角，写清楚通知的成文时间。

三、例文评析

【例文一】

企业年终工作会议通知

××科技园各企、事业单位：

为了及时给企业部署2016年年终工作和传达相关政策，科技园管委会将组织召开“××高新区××科技园企业年终工作会议”。现就相关事宜通知如下：

一、会议日期：

十二月二十三日（周五）上下午共两期。

(会议时间为半天，具体时间见出席证)

二、会议地点：

××理工大学会贤堂（××区理工大学北门）

三、会议主要内容：

1. 讲解税收相关政策。

2. 科技型中小企业、高新技术企业认定及扶持政策说明。

3. 布置火炬计划年报等统计工作。

4. 解释劳动人事服务管理事宜。

四、会议要求：

请企业于十二月十五日前到××科技企业服务中心一楼经济发展部领取会议出席证。届时务必派1名财务人员或相关负责人凭出席证准时参加会议（请与会人员一定牢记会议日期，切记不要缺席、迟到、早退）。

联系部门：××科技园管委会经济发展部

联系电话：××××××××

××高新技术产业开发区

××科技园管理委员会

××××年××月××日

（例文选自http：//www.tjctp.gov.cn，有改动）

评析：这篇会议通知采用分条列项式写法。条理清晰，详细全面。会议内容方面交代具体，会议要求也很周到，值得借鉴。

【例文二】

关于召开全省有出口资质的整车生产企业座谈会的通知

各有关市机电办、××县（市）商务局、企业：

为加强对整车出口企业的指导，确保我省汽车整车出口健康持续发展，使汽车产品出口在转变增长方式中发挥更大作用，加强出口自律，省商务厅定于2016年1月25日在××市召开全省有出口资质的整车生产企业座谈会，届时商务部有关领导将莅临会议，并做重要讲话。现将有关事项通知如下：

一、会议内容

（一）汇报交流2015年整车出口情况和2016年预计出口情况。（汇报交流材料的内容及要求附后）

（二）分析我省2015年整车出口形势和面临的问题，对2016年整车出口工作提出要求。

（三）商务部领导通报全国汽车出口形势及国家近期出台政策措施。

二、参加人员

（一）整车出口企业所在地机电办主任、××县（市）商务局主管局长。

（二）获得2016年整车出口资质企业主要负责人。

三、会议时间及地点

时间：2016年1月25日，会期1天，1月24日报到

地点：××市华中假日大酒店

地址：××市朝阳北大街969号

总台电话：××××—×××××××××

四、会议费用

统一安排食宿，参会企业每人800元，各市机电办、××县（市）商务局每人500元。

五、报名时间及方式

请各单位按通知要求确定参会人员，填写会议回执（见附件），并于2016年1月21日前传真至××市商务局机电办，并以电子邮件方式报省商务厅机电产品进出口处。

六、联系方式

（一）××商务局

联系人：张××

电话：××××—×××××××××，手机：×××××××××××

传真：××××—×××××××××

（二）省商务厅机电产品进出口处

联系人：王××、权××

电话：××××—×××××××××，手机：×××××××××××

传真：××××—×××××××××

附件：会议报名回执

××省商务厅

二〇一六年一月十六日

附件：

会议报名回执

单　　位	姓　　名	性　　别	职　　务	联系方式	住宿要求

联系人：　　　　　　　　　　　　　　　　电话：

（例文选自郭冬主编：《实用写作范例评点》，高等教育出版社 2009 年版，第 60~61 页；略有改动）

评析：本文是一篇规范的会议通知，写清楚了会议的详细内容。包括会议内容、参会单位或个人、会议的名称、开会的时间及地点、参会要求、联系方式等。此外，本文还列出了附件《会议报名回执》，“回执”是参会人员填写并发回发文单位的表格，可以作为会议主办方安排会议及食宿的依据，可以将会务组织工作做得更周密。

四、注意事项

（1）行文实际。
（2）事项具体。
（3）措辞严密。
（4）用语得体。

五、技能实训

（一）文种评析

请从文章格式及语言表达方面评析下面的会议通知，并加以修改。

××县卫生局会议通知

全县各食品加工业：

根据上级要求，对全县食品加工行业的卫生状况进行一次全面大检查，我们拟召开食品加工行业负责人会议，现将有关事项通知如下：

一、会议时间：二〇一五年三月初在县招待所报到，会期两天。

二、会议参加人员：全县国营、集体、个体食品加工业及县工商联各来一名负责人，各乡、镇派一名代表列席会议，不得缺席，否则一切后果自负。

三、食宿等一切费用完全由个人自理。

二〇一五年二月二十二日

（二）写作实训

根据以下材料写作一份会议通知。

××省学生联合会拟定于2016年12月31日在××职业学院召开××省学生联合会第三次代表大会暨2016年度湖北省优秀学生会、学生社团、学生干部表彰大会，参会人员为省直学校团委、学生会代表、各县（市、区）团委负责人，××省学生联合会第三次代表大会代表及列席代表等。学校代表由本校团委带队，交通费用由学校负责。各级团组织认真做好参会人员安全工作。

（三）情景模拟

××××年9月30日，某信息技术学会秘书耿××、王××为该学会拟写召开网络技术交流会议的通知，耿××说："最重要的是写清楚会议通知事项，现在，我们已经确定会议时间是××××年10月10日16时至18时；会议地点是××市文化大厦6楼会议室；参会人员是各分会信息主管1名，网络技术人员5名。"王××说："受文单位是各分会吧？我来拟写这个通知。"耿××说："别忘了写发文缘由、要求，还有联系人、电话。"

请代王××拟写会议通知。

（四）拓展训练

领导让你发放会议通知，后天开会。但你临下班前发现，自己把时间错写成明天了，你该怎么办？

任务二　讲　话　稿

一、情境导入

2013年5月10日是淘宝网成立10周年的纪念日，阿里巴巴集团举办了约有4万人参加的大型晚会。伴随着"阿里巴巴是个快乐的青年"的歌声，从商14年的马云卸任阿里巴巴CEO，阿里巴巴集团首席数据官陆兆禧正式接任CEO一职。

在告别晚会现场，马云在演讲中表示，30年前谁都没有想到中国会变成制造业大国，互联网在中国发展这么好。10年前没有人看好阿里巴巴，谁也没有想到电脑会深入人心、淘宝会发展这么好，"马云没有理由成功、阿里也没有理由成功，但因为坚持、信任，我们才有了今天"。马云说，"今晚12点以后我就不是阿里集团CEO。我不会再回到阿里做CEO。我回来也没有用，你们会做得更好"。他表示自己今后将从事一些自己感兴趣的事，比如教育和环保。说到这里，马云单膝跪地，现场响起经久不息的掌声。

演讲最后，马云力挺陆兆禧。"陆兆禧经历了很多岗位、很多磨难，接马云的位置非常难。希望大家像支持我一样，支持新团队，支持陆兆禧；希望大家像信任我一样，信任新团队，信任陆兆禧。"交接之时，二人深情拥抱。

马云的卸任演讲属于企业庆典会议的讲话稿，回顾了淘宝的十年历程，马云认为，正是在变化的时代里，专注于解决社会的问题，赢得了信任，阿里巴巴才拥有了今天的成绩。这次演讲慷慨激昂、感人肺腑。

二、必备知识

(一) 概念

讲话稿是在会议或集会时用于讲话或演说的带有宣传、指示、总结性质的讲话文稿。

(二) 特点

1. 篇幅的规定性

讲话是有时间限制的，因此对讲话稿篇幅要有特定要求，不能不顾具体情况长篇大论。一般来讲，表彰、通报、庆典等会议上的讲话稿篇幅不宜过长，以免喧宾夺主。

2. 语言的得体性

为了便于讲话者表达，易于听众理解和接受，讲话稿的语言既要准确、简洁，又要通俗、生动。另外，由于讲话具有现场性，因此撰写领导讲话稿时必须提前考虑和把握现场气氛和场合。

3. 起草的集智性

为了提高行政效率，领导讲话稿经常由秘书代笔，然后经领导审核是否采用。有的部门还专设起草小组，领导一般要将写作的目的、背景、写作要求等对起草小组交代清楚，然后由起草小组分工协作，集体撰稿，并在起草的过程中反复讨论、修改、几易其稿，才提交领导使用。

(三) 格式

讲话稿一般由标题、称谓、问候语、正文、署名五部分组成。

1. 标题

讲话稿的标题分为两种：一种由讲话人的姓名、职务、事由和文种构成，如《××总经理在安全生产工作会议上的讲话》；另一种是由一个主标题和副标题组成。主标题一般用来概括讲话的主旨或主要内容，副标题则与第一种的构成形式相同。如《向更高远的人生目标进军——在20××级新生入学典礼上的讲话》。

2. 称谓

称谓即对与会者或听众的称呼，一般都泛指。如“各位代表”、“同志们”、“各位领导”、“女士们、先生们”、“各位来宾”等，一般依据身份从高到低排列，女士优先的原则，并尽可能覆盖全体参加对象，有时根据需要可以加上修饰语“尊敬的”、“亲爱的”等。

3. 问候语

向与会者问候，如“你们好!”、“大家上午好!”。

4. 正文

(1) 开头。讲话稿的开头要说明讲话稿的要领，即提出问题，说明会议的指导思想。归纳起来有以下类型：①强调空间、时间，概略地描述场面。庆祝大会比较多地采用这种引言。

②开门见山，提出中心话题。传达精神、布置工作的会议上的讲话，较多采用这种引言。

③分析实际，提出问题。在开头对当前面临的形势和工作中的实际问题进行概括的分析，进而说明讲话的原因、目的和背景。

④致以祝贺，表示慰问，一些纪念性的会议讲话，节日的祝词及各种代表大会的祝贺讲话多以这种开头。

（2）主体。讲话的关键部分。结构布局方法有时间顺序、工作进度安排、工作性质的主次安排、讲话内容的轻重分量安排、问题的逻辑关系。讲话稿主体无非是主题明确、内容充实、层次清楚、表达通畅、文字准确。

（3）结尾。归纳出讲话的主要内容，提出解决方法、今后的任务要求或提出号召等。讲话稿一定要有结尾。

5. 署名

署名要写明单位名称、讲话人姓名及职务。如果标题下已有署名的，此处不必再次署名。

三、例文评析

【例文一】

愿力人生

——李嘉诚2017届汕头大学毕业典礼致辞

尊敬的陈云贤主席、莫言教授、各位校董、各位嘉宾、老师们、同学们：

每年参加汕大的毕业典礼，我内心总是充满喜悦。在湖堤散步，在真理钟下听同学们朗读志愿，历历在目，声声入耳，处处感到迫不及待要朝理想出发的活力。

特别是今天，看到你们兴奋的脸，如果会堂内的正能量可以灌入瓶中，一定可让我的精力再延长90年。感谢大家与我分享这快乐时刻。

我明年90岁啦，一生志在千里，也知似水流年；我年轻过，历尽困难试炼，我深刻知道成长之路是非常不容易的；在高增长机遇巨浪中，愚人见石，智者见泉。

因循的并发症是不思不想和无感无知，在人工智能时代中肯定过不了关；驾浪者的基本功，时时刻刻要灵敏、快知快明，要有独立思考悟力、能运用想象，把现实、数据、信息合组成新。

愚人只知道“为”（to do），智者有愿力，把“为”（to do）变“成为”（to be）。

“愿力一族”是如何修炼？如何处世？如何存在？

愚人常常抱怨，变得墨守成规是被逼出来的，被制度营役、被繁文缛节捆绑、被不可承受的期望压至透不过气；他们渴望“赢在起跑线上”，希望有个富爸加上天赋的优越组合，认为“人能弘道”、改变尘世复杂和无可奈何的扭曲太负重，“道能弘人”肯定更舒服。

这样的心态，他们已“输在起跑线上”。传统中国智慧告诫我们命与运是互动交织的，拥有一切，也可以一无所有。懂得“善择”才是打造自己命运的保证。而命运大赢家的梦幻DNA组合，是科学心智与艺术心灵的觉醒，才可把潜能修炼为出众的人生。性格基础是意志力，自律的坚持和创意潜力相形相塑，才可达致拥有挪移心外喧哗的处世心力。

自律是铁杵成针的意志功夫。每个希望成为大舞蹈家的人，每天面镜，并非顾影自怜，而是不怕疲惫、不怕痛苦，一而再，再而三，修正追求举重若轻的完美，技巧内化自我之中。走到台前，“身与物化，意到图成”。

我今天为什么选择舞蹈幻灯为背景？诗人叶慈的提问，一矢中的，“怎样才能从舞蹈之中辨别真正的舞者？”舞蹈家个性魅力触动观众，凝住一瞬永恒，艺术映照人生，启迪感召每一个人逾越艰难、超越局限，追求更高的水平，开拓无限的可能。

最后，我想和大家分享，去年我和一位多年在汕头大学服务的老师的对话，当我感谢他多年孜孜不倦培育学生时，老师引用王阳明一语：“千圣皆过影，良知乃吾师。”良知是成就尊严和有存在意义的明灯。

各位同学，道力之限，要靠愿力突破，我知道，你们一定会怀着谦恭、感恩的心，以信心和想象力追求一个开放、进步的世界，建立一个关怀的社会，成为真正的舞者，今天你以汕大为荣，明天汕大必将以你为荣。再次祝贺你们！谢谢大家。

2017年6月27日

（例文选自新浪网，http：//finance. sina. com. cn/china/gncj/2017-06-27/doc-ifyhmtcf2936627. shtml，2017年6月27日）

评析：身为汕头大学校董会名誉主席的李嘉诚先生出席典礼，这已是他连续第16年出席毕业典礼，在致辞中，他激励年轻学子，懂得“善择”才是打造自己命运的保证。李嘉诚先生引用诗人叶慈的诗句，鼓励同学们不怕疲惫、不怕痛苦，一而再，再而三，修正追求举重若轻的完美，技巧内化自我之中。致辞语言简洁有力，充满哲理，也对莘莘学子送去祝福和指引，让即将走进社会的学子们铭记于心。

【例文二】

在公司成立10周年上的讲话

×××

尊敬的各位领导、各位嘉宾、同志们：

大家好。首先我代表××隧道分公司感谢大家在百忙之际参加我公司成立10周年庆典活动，对你们的光临，我们表示热烈的欢迎；对长期以来关心和支持我公司发展的各级领导和朋友们表示衷心的感谢；对为我们企业发展作出贡献的历届老领导、老同志、老职工及家属们表示崇高的敬意！

在喜迎中华人民共和国成立60周年之际，公司也迎来了企业成立10周年的庆典，我们向奋战在各条战线上的广大员工表示热烈的祝贺。十年，在漫长的历史长河中，只是短短的一瞬间。然而，对于公司来说，却是一部充满机遇与挑战、拼搏与奉献的创业史。我们今天的成绩，是各级领导关怀支持的结果，是公司历届领导班子励精图治的结果，也是隧道分公司全体员工拼搏奉献的结果。

俗话说，“十年树木，百年树人”。经过十年的发展，公司从一个只有几台设备和几十名职工的工程项目部，发展成为如今拥有职工768人，其中高中级技术人员154人的独具特色的一级施工企业。公司施工范围涵盖了铁路、公路、市政、核电、地铁、水电等领域，除承建隧道与地下工程外，同时具备从事桥梁、土石方等综合性施工能力。作为隧道专业工程公司，十年中，共承揽任务26.7亿元，完成施工产值20.5亿元，建成隧道46座，总长达55.4公里。

自组建以来，我们始终坚持“以市场为导向，以项目为中心，区域经营，滚动发展”，积极推行科技进步和现代管理。积累了在特软弱围岩、超浅埋、大跨度、富含水及岩溶、瓦斯、暗河、断层、软流塑等复杂地质条件下进行隧道施工的经验，在超前支护、光面爆破、监控量测、防排水等方面形成了比较完善的施工方法。在工程施工中，始终坚持“名牌战略”，在已竣工的工程中，质量合格率100%，优良率90%以上。其中，3项工程获国家建筑业最高质量奖——鲁班奖，1项工程获中国土木工程（詹天佑）大奖。

十年来，公司领导班子始终坚持以邓小平理论和“三个代表”重要思想为指导，紧紧围绕企业改革发展的主题，解放思想、与时俱进，大胆探索，认真实践，全面加强公司的各项建设和思想政治工作，为企业的改革发展稳定提供了强有力的制度管理保证和思想政治保证。经过十年的不懈探索，领导班子已经形成了一套制度健全、手段创新、形式多样的工作体系，使我们的企业成为了一支具有生机和活力的市场主体，实现了企业的经营战略目标和员工自身发展目标，铸造了一支在激烈的市场竞争中立于不败之地的坚强团队。

公司努力实践“诚信、合作、创新、卓越”的企业精神，树立起了“经营求精、管理求严、用人求贤、交往求俭、为政求廉、领导求真”的企业风气，展现了现代企业的良好形象。20××年公司被评为“全国优秀施工企业”，同年被评为××省“省级文明单位”。公司及领导班子多次被上级表彰为“先进单位”和“四好领导班子”。

目前，我们公司坚持“以人为本”的发展理念，把“为国家多做贡献，企业长足发展，员工增加收入”作为我们的工作目标，制定和完善了一系列的管理制度、办法，继续推进“两直管理、五大市场”，扎实有效、积极稳妥地开展各项工作，把公司建成一个基业常青、生机勃勃的企业。

十年的艰苦奋斗，十年的坎坷征程，圆了企业跨越发展的振兴梦，谱写了企业再创辉煌的光荣史。展望未来，让我们风雨同舟，携手共进，把目光更多地投向明天，去开拓更加壮丽美好的新事业。

最后，衷心地祝愿各位领导和同志们身体健康、工作顺利、万事如意！

谢谢大家。

（例文选自韦志国主编：《秘书写作》，大连理工大学出版社 2012 年版，第 182~183 页）

评析：这是一篇活动的讲话稿，由于是在公司庆典上发表讲话，所以比较重视礼仪性的表述，开头对与会者表示了问候和敬意，结尾表达了祝愿和感谢，而主体部分主要介绍了公司的基本情况、主要成绩和经验，表达了对未来的展望，很好地展示和宣传了公司的形象。

四、注意事项

（1）讲话稿通过声音来传递讲话人的思想和情感，因此，口齿清晰、吐字准确、注意语调的抑扬顿挫是讲话者应具备的基本条件。

（2）观点鲜明，主题明确。讲话内容一定要表达明确，不能似是而非，模棱两可，还应该抓住重点，话题集中，才能给听众留下深刻印象。

（3）注意对象，量体裁衣。讲话稿应切合会议的主题、性质、议题，讲话的场合、背景，领导的指示、要求，听众的身份、背景情况、心理需求和接受习惯，做到有的放矢。

五、技能实训

（一）文种评析

分析下列文稿的问题，并加以修改。

讲 话 稿

李××先生：

首先，对您的到来表示热烈的欢迎。过去，我们合作愉快，取得了可喜的成绩。我相信，在将来我们双方会继续努力，加强合作，使业务联系更加广泛和深入，使我们的友谊更加巩固和充实。

在这收获的季节里，祝我们双方的贸易洽谈圆满、顺利！

谢谢！

（二）写作实训

某学校团委为丰富学生的第二课堂活动，组织学生进行了为期两个月的“大学生艺术节活动”，在艺术节活动中开展了“红五月大合唱”、“书法绘画大赛”、“校园主持人大赛”、“师生交谊舞赛”、“征文比赛”等形式多样的活动，请以该校团委的名义，编写一份有关大学生艺术节活动开幕式的讲话稿。

（三）拓展训练

××市将举办为期三天的首届荷花节，主要内容包括经贸洽谈、基础产业项目招商引资、人才交流、商品展销、游园赏花、文艺演出等，本届荷花节以××市荷花协会主办，××公司承办，请讨论以下问题：

（1）××市荷花协会会长届时将在开幕式上致词，这篇文书应该选用什么体裁，致词的目的、主题、基调各是什么？

（2）开幕式上是否还需要安排其他人讲话，如果要，可安排什么人、达到什么目的；如果不要，则请说明你的理由。

（四）情景模拟

某公司系国内运动鞋类知名生产商。近日，该企业将举行本年度秋冬新品发布会暨新产品订货会。作为此次大型会议的管理者，必须为公司领导人拟写该会议的开幕词和闭幕词，以确保会议顺利进行，为企业产品的销售打好基础。

部分内容可虚拟，讲话时间不超过6分钟。课前布置，教师提供支持、帮助；可将同学分为8人一组，分组完成；小组成员分工，合力润色，写作完后举行班级内实战演练，代表上台模拟演讲，学生教师评价。

任务三　会议记录

一、情境导入

小郑毕业后做了某公司办公室文员，因工作认真用心，半年后被领导点名负责公司高层的一次决策性会议的记录工作。为了做好这次会议记录，小郑做了大量准备工作，如对会议情况、相关文件、参会人员等做了细致了解；开会前多次熟悉开会的环境；除准备好纸笔，为防止自己漏听漏记外，还特意带上一支录音笔……因为准备工作做得充分，加上记录、整理得准确、迅捷，小郑出色地完成了任务，受到了领导的高度赞扬，领导语重心长地对小郑说："会议记录工作啊，看似普通却很重要，因为会议记录本身比较重要，它具有很强的指导性，会后相关文件的形成、相关工作的开展都要以它为基本依据和重要参考。年轻人，要好好干啊！"

会议记录是传达贯彻会议精神的依据，也是形成会议纪要、会议简报等的基本素材，还是今后进行与会议相关的其他工作的重要参考，可以说是会务工作中十分重要的一项内容。

二、必备知识

（一）概念

会议记录是在会议过程中由专门记录人员记录会议的组织情况和具体内容的书面材料。

（二）特点

1. 客观性

会议记录是会议过程的客观反映，要忠于事实，不能夹杂记录着自己的个人情感，更不允许添加和删减。

2. 综合性

会议记录是对会议中各种材料、与会人员的发言等分析、概括、提炼而形成的，具有一定的综合性。

3. 指导性

会议记录集中反映了会议的主要精神和决定事项，对有关单位和人员起着一定的指导作用。

（三）格式

会议记录一般包括两部分：

1. 会议组织情况记录

一般包括会议名称、时间、地点、出席人数（人数较少时可直接记下出席人姓名）、缺席人、列席人、主持人和记录人。

会议组织情况应在主持人宣布开会前，由会议记录人写好。会议出席、列席人员可采用在签名簿上签到的方法，会后再进行统计。

2. 会议内容记录

包括主持人发言、大会主旨报告、讨论发言、决议四项内容，这是会议记录的核心部分。

会议记录的方法分摘要记录和详细记录两种。摘要记录只记重点，如发言要点、结论、决议等，适用于一般性会议。详细记录则要完整记录包括会议报告、讨论等所有讲话的全部内容，适用于重要会议。

会议记录的结尾，一般无特殊规定，习惯上另起一行注明“散会”、“完”等字样，如中途休会写上“休会”字样。有的最后还加上主持人和记录人的签名。

三、例文评析

【例文一】

××学院青年志愿者协会会议记录

会议名称：校青协工作例会

会议时间：2017年10月27日（星期五）　　会议地点：会议室

主 持 人：××　　记 录 员：××

出席人员：陈老师、校青协中心组成员、院（系）青大队长、专属队副队长

一、主持人发言

二、各部介绍近期工作情况

组织部：下发关于“双迎”志愿者征文通知

活动部：对活动开展的质量问题作出要求

项目部：①开始了直属队的招新工作

②近期将开展军训服的回收活动

宣传部：①向各院（系）介绍“谷歌杯”的申请流程

②准备见习干事的培训工作

③规定工作简报、媒体报道的上交时间

外联部：上交青大队长风采

监察部：①制作9月份的考勤表和财务报表

②撰写大事记

③强调开会时间

三、各院（系）青大队长以及各直属队队长做自我介绍

四、秘书处作指导性发言

（例文选自：http://hsqx.nihaohs.com/news_view.asp? newsid=902，略有改动）

评析：这是一份摘要式会议记录，会议的组织情况和会议内容记录较为规范、准确，全文条理清晰、语言简明、要点完整。

【例文二】

××公司项目会议记录

时　间：××××年×月×日

地　点：公司会议室

出席人：××公司各部门主任

主持人：××（公司副总经理）

记　录：××（办公室主任）

一、主持人讲话：

今天主要讨论一下××办公软件是否投入开发以及如何开展前期工作的问题。

二、发言：

技术部××主任：类似的办公软件已经有不少，如微软公司的WORD、金山公司的WPS系列，以及众多的财务、税务、管理方面的软件。我认为首要的问题是确定选题方向，如果没有特点，千万不能动手。

资料部××主任：应该看到的是，办公软件虽然很多，但从专业角度而言，仍有提升的空间。我指的是编辑方面。如WORD中对于行政公文这一块就干脆忽略掉，而书信这一部分大多是英文习惯，中国人使用起来很不方便。WPS是中国人开发的软件，在技术上很有特点，但中文应用方面的编辑也并非很完备。我认为我们定位在这一方面是很有市场的。

市场部××主任：这是在众多航空母舰中间寻求突破，我认为有成功的希望，关键的问题就是必须小巧，并且速度极快。因为我们建造的不是航空母舰，这就必须考虑到兼容问题。

三、各部门都同意立项，初步的技术方案将在10天内完成，资料部预计需要

3 个月完成资料编辑工作，系统集成约需要 20 天，该软件预定于元旦投放市场。

散会。

主持人：(签名)

记录人：(签名)

(例文选自卢云峰、孙杰主编：《新编应用写作实训教程》，清华大学出版社 2011 年版，第 103~104 页；略有改动。)

评析：这是一篇详细式会议记录，全文分会议组织情况和会议内容两个部分，格式完整、条理清晰，在会议内容这一部分里，对主持人和发言者的全部讲话做了详细、认真的记录，决议内容也记录得十分明确、具体。

四、注意事项

1. 真实、准确是基本要求

记录人员应自始至终认真负责，记录时注意力高度集中，忠实记录发言者原意，准确抓住讲话要点。

2. 不要遗漏会议要点

决议、建议、问题等一般要记得具体、详细；一般情况介绍，可抓住要点略记。但无论详略，要点不可遗漏。

3. 灵活运用记录技巧

可借录音、影像等来辅助笔录（注意会后整理）。在笔录时注意快速书写技巧，巧用省略法、替代法，学会择要而记。

4. 格式完整、字迹清晰

会议记录的格式较简单，但也应注意正确、完整；记录的字迹应清晰，便于会后查阅、整理。

五、技能实训

(一) 文种评析

阅读下面一次团支部组织生活会的会议记录中的会议内容记录部分，请分析其写作上存在的问题。

活动内容及流程：

(1) 由主持人宣布会议开始，介绍活动主题及流程；

(2) 同学们观看讲座视频，然后谈感想；

(3) 互动游戏、节目表演；

(4) 团支书总结：对本次活动从准备到开展进行了一个较全面的总结，鼓励同学们继续保持积极性，多关心时事，并把这种热情带到每一项活动的开展中去。

(5) 辅导员总结：这次活动切合主题，同学们积极性很高，有十位同学非常踊跃地发表了自己的看法，谈得很实在、很深入，××和××同学表演的相声，既有趣味性，又有教育意义，非常好。总的来看，这是一次很好的团组织生活会，希望下一次的活动也能搞得有声有色。

(二) 写作实训

参加本班（校）召开的一次会议，充当会议记录人，完成以下练习内容：

(1) 对会议内容进行记录，并整理成会议记录。

(2) 总结自己的记录有哪些可取之处，还有哪些不足。

(三) 情景模拟

根据以下材料回答问题：

招标方（甲方）某A房地产开发有限公司（以下可简称某A房地产公司）和投标方（乙方）某H园林工程有限公司（以下可简称某H园林公司）于2013年6月10日上午10点在该房地产开发有限公司会议室就别墅区园林景观设计进行了一次商务会议谈判，会议主持人是张某，记录人是李某，投标方参加人员为赵某，投标方参加人员为孙某、冯某、张某某、胡某。谈判内容如下：先是甲方询问乙方基本情况及收费方式，乙方针对甲方的几个具体提问分别做了如下回答：该公司是国家二级资质企业，从事园林景观设计有10多年，主要从事园林景观设计兼施工，也做城市规划等方面业务，设计曾入围北京2006年和2008年园林景观140名内，年产值在5000万元到1亿元；只做精品项目；主要设计人员毕业于中国农业大学和华中农业大学等院校；根据设计难度和要求，收费方式为8元/m^2至80元/m^2不等。然后乙方请甲方介绍自己的初步打算，甲方回答为：由一家公司来做设计和施工，但也可以分开来谈，初步计划建筑面积在8.5万平方米左右，绿化率为45%，大概4万平米，定位为中高端档次，园林景观这方面投资在360~400元/m^2，最高不超过450~500元/m^2。

1. 请你根据以上内容，填写下列会议记录首页表格。

会议记录

会　议 名　称		会　议 时　间	
会　议 地　点		会　议 主持人	
出席人与列席人			
缺席人			
记录人		审阅签字	
主要议题			

2. 该项会议记录应该用什么方法记录？摘要记录还是详细记录？为什么？

（四）拓展训练

会议记录要做到有文必录，但是如果发言人讲话思路不明确，逻辑顺序不清晰、讲话有口音等问题，应该怎么处理？

任务四　会议简报

一、情境导入

××国际公司中国区商务处20××年度工作会议于1月4日至5日在北京科技会堂召开。CEO兼北京代表处首席代表×××先生主持会议，各省、市商务处主要负责人出席会议。此次会议主要议题是总结去年工作和部署今年公司发展战略。在为期两天的会议中，各商务处负责人就上一年度工作做主题发言，对今年××国际公司的在华发展建言献策，共商发展大计。按照安排，小张主要负责这次会议的记录工作。筹备小组负责人、行政经理王×说："小张啊，今天的会开得较为顺利，明天上午的主题发言，你要全程参与，做好记录，争取明天下午总结会前参加人员都能拿到这次会议的简报。"小张一口答应下来："没问题，王经理您放心吧！"接下来她要写会议简报，那么简报又该遵循什么样的格式呢？

二、必备知识

（一）概念

会议简报是较大型和重要的会议用来专门报道、交流会议重要内容、进展情况，反映与会人员意见和建议，借以沟通会议情况的一种报刊式文字载体。会议简报一般由会议秘书处或主持单位编写。

（二）特点

1. 真

会议简报的内容必须绝对真实、准确、客观。

2. 简

文字要简练，不说废话。简报内容要紧紧围绕会议的中心议题，把与会者的主要认识、意见和建议反映出来。

3. 快

这是对会议简报时间上的要求。会议简报的时限性很强，一般是会议期间或者会议结束后不久，就要编写好，以便及时印发到相关人员手上。

4. 限于内部使用

一般的报纸面向全社会，内容是公开的。简报则不同，它一般在编报单位管辖范围内各单位之间交流，不能任意扩大阅读范围。

（三）格式

会议简报通常由报头、报核（正文）、报尾三部分构成。

1. 报头

会议简报有一套专门设计的固定版式。正中用醒目大字标明简报名称，报名下面要标明编印机关、印发日期、期数。简报名称可由会议名称和文种类别"简报"组成，也有的只标"会议简报"字样。

2. 报核（正文）

报核是会议简报的主体部分。正文主要包括标题、开头、主体、结尾。

（1）标题：标题以简明概括的语言直言其事；也可设正、副标题。

（2）开头：会议简报的开头要求用简短的文字准确地概括全文的中心或主要事实，给阅读者一个总体印象。一般要交待清楚会议的时间、地点、参与人员、会议主题等。

（3）主体：这是简报的中心部分，写好这一部分是写好简报的关键。主体应以具体事实反映会议内容、会议主要精神和议定事项。注意必须紧扣题目，紧扣开头，选材要典型。若内容较多，可在每一部分做小标题。

会议简报正文的写法，要根据具体情况来定，通常有以下三种：

①概括法。概括性地介绍会议出席情况、会议进程、发言内容、分组讨论情况等。

②重点法。即重点反映会议的某个重要的内容。如反映一个或几个人的发言，或某小组的讨论情况，也可以是会议期间的典型事件等。

③摘录法。摘录代表发言的概要，对某些发言进行摘录，介绍其概要，供与会者参阅。

（4）结尾：以简单明了的语言概括主体部分内容，点明其重要性，或提出希望及今后打算。如果主体部分已言尽意止，就不必另加结尾。

3. 报尾

报尾是简报的最后部分，在简报的最后一页底端，用间隔横线将报尾与报核隔开，横线下居左写明本期会议简报的发送范围，右侧注明印发份数。

三、例文评析

【例文】

教师培训工作会议简报

（总第 65 期　　20××年第 9 期）

××教育学院继续教育学院　编　　　　　　20××年×月×日

聚智慧、促规范，创造性开展教师培训工作
——××教育学院召开20××年教师培训专题工作会议

为了进一步规范培训管理、提升培训成效，10月13日下午，我院召开20××年教师培训专题工作会议。这是继今年6月成功召开学院教师继续教育工作会议后，又一次召开的专门针对教师培训工作的专项会议。学院党委书记×××、院长××、党委副书记××、院级领导×××、×××，11个系、部、院负责人，财务处、总务处、保卫处3个职能部门负责人参加了会议。会议由继续教育学院院长××主持。

首先，继续教育学院副院长××介绍了今年全市及我院的教师培训情况，并指出当前教师培训工作呈现出缩减规模、注重高端、创新模式、强化研究及提炼成果等新的趋势。随后，各承担培训任务的单位负责人就培训筹备情况、组织管理、后勤保障、主要问题和对策建议等进行了交流研讨。学院党委副书记××就教师培训规范管理工作做了部署，他强调要从提升方案质量、加强日常管理、加强培训宣传、强化安全教育、规范培训档案、加强考核评估及注重成果提炼七个方面，理清工作思路，确保培训效果。

随后，学院院长就教师培训工作做了重要讲话，××院长从政策层面、区域经济发展及学院持续发展的角度分析了学院在教师培训工作中面临的机遇和挑战，指出教师培训工作不管是改制前还是改制后，都将是我院工作的重点之一。他要求各系部院一要高度重视、精心组织，要充分认识教师培训工作的重要性、艰巨性和紧迫性；二要精心谋划、立足长远，要突出培训方案的针对性、大力加强培训宣传，培训组织实施要做到规范、科学、有效；三要加强领导、严格管理，要强化教师教育职前职后一体化研究、形成培训品牌，不断提升培训能力和水平，扩大我院教师培训影响力。

最后，学院党委书记×××在充分听取大家发言的基础上，就教师培训品牌打造问题做了重点讲话，他希望各系部要处理好学历办学与非学历培训之间的关系、经济效益与社会效益间的关系，坚持两手都要抓、两手都要抓好。要通过打造学院教师培训专家队伍，建立培训研究团队，积极申报培训科研项目，打造培训精品项目，完善培训评估管理办法等有效措施，促进学院教师培训品牌的形成。

会上，学院××院长分别与各培训承担系部院负责人签订了“责任书”。本次会议是在学院离改制升本仅56天的关键时期召开的教师培训专题工作会，是一次理顺体制、鼓舞士气、交流经验、解决问题的会议。通过会议的召开，各系部院更加坚定了教师培训的方向，进一步明确了教师培训的思路，有利于创造性、内涵式开展我院教师培训工作，为学院的持续发展奠定坚实的基础。

（报尾略）

（例文选自 http://www.jjy.cq.cn/content.asp？pid=557&id=248，发布者：重庆教育学院；有改动）

评析：这篇会议简报采用双标题交待事件、揭示中心，开头概述了会议的组织情况，接着对学院院长和党委书记的讲话做了精要的阐述，详略清晰得当，重点突出。

四、注意事项

1. 内容应实事求是

会议简报所写的情况，包括时间、地点、与会人员、引用的数据、人物语言等，都必须准确无误。

2. 编发应迅速及时

这就要求编写者要讲究方法，可以边听会议讨论，边分析、归纳，以便迅速成文。

3. 文字应简明扼要

写作上要开门见山，直截了当，扣紧主题，突出重点，提炼概括。

五、写作实训

（一）文种评析

请分析下列简报的开头、结尾、层次和语言特点。

北京市商务局召开商务领域文物保护专题讲座

20××年×月×日，北京市商务局、北京老字号协会联合市文物局在北京同仁堂举办了商务领域文物保护专题讲座。会议由北京老字号协会×××副会长主持，市商务局现代流通发展处××处长、市文物局文物保护处××副处长、同仁堂集团×××主席、×××研究员、××研究员等出席。

会议上，同仁堂、六必居、牛栏山等老字号企业首先介绍了文化遗产保护经验。其后国家博物馆×××研究员介绍了老字号企业在保护企业物质和非物质文化遗产方面的经验和建议，北京市文物局××研究员介绍了文物法关于文物普查和不可移动文物保护的相关要求、文化遗产的分类，并简要陈述了北京历次文物普查的基本情况和本次文物普查的要求，特别是老字号企业在保护工作中应注意的问题。

其后，市文物局××同志介绍了第三次文物普查的背景、意义和总体计划等情况，并希望各老字号企业积极参与第三次全国文物普查，如实提供普查所需数据，广泛宣传文化遗产保护。最后，市商务局××同志介绍了商务部、国家文物局关于文物普查和加强老字号保护的要求，总结了近几年老字号企业在文化遗产保护工作中的成绩和不足，并对今后的工作提出了具体要求，发挥北京老字号协会等行业协会的中介作用，辅导老字号等商业企业填报普查信息，加强对老字号老店原址的保护。

会议印发了市商务局、市文物局《关于积极做好商务领域文物普查工作的通知》。

（资料来源：www. bjww. gov. cn，有改动）

(二) 写作实训

根据以下材料写作一份会议简报。

××公司项目会议①

时间：××××年×月×日

地点：公司会议室

出席人：公司各部门主任

主持人：××(公司副总经理)

记录：×××(办公室主任)

一、主持人讲话：今天主要讨论一下“中国办公室”软件是否投入开发以及如何开展前期工作的问题。

二、发言：

技术部××主任：类似的办公软件已经有不少，如微软公司的WORD、金山公司的WPS系列，以及众多的财务、税务、管理方面的软件，我认为首要的问题是确定选题方向，如果没有特点，千万不能动手。

资料部××主任：应该看到的是，办公软件虽然很多，但从专业角度而言，仍有提升空间。我指的是编辑方面，如WORD中对于行政公文这一块就干脆忽略掉，而书信这一部分大多是英文习惯，中国人使用起来很不方便。WPS是中国人开发的软件，在技术上很有特点，但中文运用方面的编辑也并非很完备。我认为我们定位在这一方面是很有市场的。

市场部××主任：这是在众多航空母舰中间寻求突破，我认为有成功的希望，关键的问题就是必须小巧，并且速度极快。因为我们建造的不是航空母舰，这就必须考虑到兼容问题。

各部门都同意立项，初步的技术方案将在10天内完成，资料部预计需要3个月完成资料编辑工作，系统集成约需要20天，该软件预定于元旦投放市场。

散会。

主持人：(签名)

记录人：(签名)

(三) 情景模拟

学生分组讨论“大学生如何应对就业难问题”，以小组为单位将本组的会议情况写

① 材料来源于卢云峰、孙杰主编：《新编应用写作实训教程》，清华大学出版社2011年版，第103~104页。

成会议简报。

（四）拓展训练

按照简报的写作格式及要求，从本校校园网上下载3~5篇主题相近的系列报道，将学生分成小组，以小组为单位编写一份会议简报。完成后，各小组交流简报并互相评议。

项目五　设计开发类文书写作

任务一　实 验 报 告

一、情境导入

夏季到了，汽车难免在太阳下暴晒。许多人反映，汽车暴晒后，车内的甲醛含量会上升，散发出刺鼻的气体。这是不是真的呢？2013 年 7 月，成都某报联合央视财经频道某栏目组，邀请清华大学环境学院专家进行了 3 组实验，检测暴晒后的车内甲醛、总挥发性有机物含量。实验小组分别将三辆汽车放在正常温度的大厅，用专业设备提取车内空气样本。10 分钟后，样品提取完毕。再将实验车辆停放在阳光直射的场地，暴晒 1 个小时，用相同方法提取车内空气样本。最后将暴晒前后的车内空气样本送至实验室进行检测。最后得出结论为：汽车暴晒后，甲醛的浓度有显著上升，总的挥发性有机物也有显著上升。①

实验是我们进行学习和科学研究活动的重要方法和途径。通过观察，把实验的过程和结果记录下来，写成文章，就是实验报告。

二、必备知识

（一）概念

实验报告是在科学研究活动中为了检验某一种科学理论或假设，通过实验中的观察、分析、综合、判断，将实验的全过程和实验结果用文字形式记录下来的书面材料。

（二）特点

1. 客观性

实验报告是进行科学研究的一种手段，因此应如实记录实验过程。在实验中观察到什么，记录什么，所记录的现象、实验数据和结果必须真实可靠，经得起科学检验。

2. 说明性

---

① 材料来源：http://news.ifeng.com/gundong/detail_2013_07/15/27496931_0.shtml。

实验报告大多以说明、叙述为主要表达方式，在说明过程中不需要展开联想和抒发感情。应如实说清楚实验过程和结果，并不强求圆满的实验结果。

3. 简明性

由于实验报告是客观性、科学性很强的文章，因此其语言应具有简明、准确的特点。

（三）分类

按照实验报告内容不同，可以分成检验型的实验报告和创新型的实验报告。检验型的实验报告是指通过实验对某一科学定律或结论进行验证。创新型的实验报告是指科研工作者为进行一项新的科学研究或是改进、改正一项实验方法，由此而形成的实验报告。

按照实验报告的结构形式，可以分为表格式实验报告和文章式实验报告。

（四）格式

实验报告的格式并非千篇一律，不同学科、不同类型的实验，其写法也有所不同。一般情况下，实验报告的基本结构主要包括以下几方面：

1. 实验名称

实验报告都有自己的名称，即标题。要求用准确、简洁的语言概括反映实验的内容。如《影响滑动摩擦力大小的因素》、《水污染控制实验报告》等。

2. 实验目的

即进行实验的理由。要求表达得简明扼要。

3. 实验原理

对实验相关的主要理论依据进行阐述。有的实验要给出计算公式，以及公式的推导，光学实验要给出光路图，电学实验要给出线路图等。

4. 实验的仪器设备或材料

写明实验所用仪器设备或材料的名称、规格、型号、数量等。对于化学实验中的试剂，还应标明其形态、浓度、化学成分等。

5. 实验步骤和方法

实验步骤就是实验进行的程序。通常是按操作时间先后分成几步进行，并在前面标上序号，将实验的过程及观察所取得的结果写清楚。

6. 实验现象和数据分析

这一部分是实验报告的关键内容，主要是对实验记录的处理。需要列出实验所取得的数据、描述观察到的现象等，在对实验现象和数据分析的基础上得出实验结果。一般应将数据整理好，列出表格，分好类，按一定顺序排好数字、表格或图，并作必要说明。引用的数据必须是真实的，图与表格要符合规范要求，数字的记录方法和处理方法要符合规定，否则将会使整个实验报告失去价值。

7. 实验结论

结论是根据实验结果作出的最后判断，是对实验的一个总结。主要说明本实验取得了哪些新结果，该成果有何价值、作用和意义，或者本实验验证或发展了哪些科学理论等。语言要严谨、客观、准确、简练。

三、例文评析

【例文】

“探究学习与综合能力培养的研究”实验报告

作者：×××

一、课题的提出和意义

随着信息化时代的到来，综合性社会问题日益加剧（人口、粮食、资源、环境），在教育领域中，改革传统教学模式，创建以学生综合能力发展为目标的新型教学模式，成为当前教学改革的首要任务。而培养学生综合能力的重要着眼点就是要改变学生被动接受知识的学习方式，帮助和指导学生在开展有意义接受学习的同时，形成一种对知识技能进行主动探究，并重视实际问题解决的主动积极的学习方式。

“探究学习”，因其在推动学生主动探究，培养学生独立分析问题、解决问题等综合实践能力方面的独特作用和价值，自20世纪80年代末以来，受到国际基础教育界比较普遍的推崇和实施。进入90年代，世界各国的教育改革方案中都把通过探究学习培养学生的创新精神和综合实践能力作为关键加以凸显。现今，国内的中小学生正在翘首以待新的教学改革、新的探究性学习平台的引入和发展。

二、课题的含义及主要概念的界定

（一）研究的目标

1. 培养学生提出问题的能力，能够以“问题”为载体，不拘泥于教材、大纲和原有学科的界限，创造更多空间，进行探究；

2. 培养学生善于表达自己观点的能力，重视研究过程中的感受和体验，增强主体意识，激发创造精神；

3. 具备通过各种途径获得信息并会处理、分析和应用信息的能力；

4. 具备根据探究学习的一般思路和方法对问题进行研究和实验的能力；

5. 具备团队意识和合作能力。

（二）研究的内容

研究的内容主要细化为四个方面：一是学生综合能力的实质及其结构分析；二是探索在探究学习环境下学生综合能力的形成和发展规律；三是通过探究学习培养学生综合能力的途径与方法；四是构建探究学习环境下学生综合能力的检测与评价体系。

（三）研究的方向

1. 立足于学生。探究性学习的对象是学生，在选择课题时，认真分析学生的认知水平，考虑学生的兴趣爱好，鼓励学生主动参加实践活动，培养综合能力。

2. 基于教材。选题的方向虽然不必完全拘泥于教材，但也要一定程度地结合教材，服务于教材，最终让学生掌握知识。如：我们组织的“自主创办神奇的化学展台”，就建立在学生掌握了一定的化学知识以后让学生把学过的知识应用于实践，并对课本的知识进行综合的复习，达到了预期的目的。

3. 着眼于化学领域与社会、科技、人类密切相关的问题，选择的研究点要具有开放性，加大研究的广度与深度。

（四）概念的界定

1. 探究学习（略）

2. 综合能力（略）

三、理论构建依据

认知学习理论和人本主义学习理论从科学主义和人文主义的角度，奠定了探究性学习理论的基础。

1. 探究性学习观是建立在现代学习理论基础上的科学学习观，学习过程是积极的有意义的学习过程。

2. 苏霍姆林斯基说：“在人的心灵深处，都有一种根深蒂固的需要，这就是希望自己是一个发现者、研究者、探索者。”从学生生理、心理特点来看，学生有探究和创造的潜能，探究性学习本身可激发学生学习的兴趣和动机以及求知欲。

3. 探究性学习重视运用科学的认知方式和策略，尊重学生学习的认知规律。

4. 探究性学习关注知识表征、认知结构的发展及问题解决。

5. 探究性学习不仅在于获得问题解决的结果，更注重学习创造性与主体性人格培养。

四、研究的方法

1. 观察法。观察法就是以感官活动为先决条件，与积极的思维相结合，在不干涉对象自然状态的前提，系统地运用感官对客观事物进行感知、考察和描述的一种研究方法。

2. 实验法。实验法是采用简约的方法，简化问题、简化事物的影响因素，利用仪器、设备等人为的方式控制或干预研究对象，以期获得科学性事实，进而研究客观事物规律。

3. 调查法。调查研究是科学研究中一个常用的方法，在描述性、解释性和探索性的研究中都可以运用调查研究的方法。

4. 搜集信息、分析信息、参观访问是研究化学应用与掌握前沿知识的最佳途径。

五、课题研究的组织管理

（一）人员分工（略）

（二）分项进行研究，定期汇总（略）

（三）经费及其他条件保证（略）

六、具体实施与组织管理

本课题的实施大致分为四个阶段：

第一阶段（2007 年 4 月—2008 年 7 月），准备和尝试阶段

1. 采取多种方式，做好启动工作。（略）

2. 制定课题研究实施方案。(略)

3. 典型引路，初步尝试。(略)

第二阶段（2008 年 9 月—2009 年 7 月)，具体研究阶段

1. 将××年级的 1、3、5、7 班，××年级的 1、4 班作为实验班，其他班级作为对照班，全面开展实验研究。

2. 完善课题研究管理机制，明确管理责任。

3. 加强课题组成员间的交流学习，互相促进。

4. 探索出具有特色的通过探究学习培养学生综合能力的课堂教学新模式。

第三阶段（2009 年 9 月—2009 年 12 月)，总结推广阶段

1. 课题组组织研究成员定期对课题研究进行阶段性总结，鼓励参与研究的师生谈体会、写论文，把他们研究中的喜怒哀乐和研究结果全都形成文字，并保存及时存档。

2. 举行课题研究成果交流会。(略)

3. 将研究成果进行校际间的推广交流。(略)

第四阶段（2010 年 1 月—2010 年 7 月)，结题

收集、整理课题研究的第一手资料，迎接省总课题组的检查与验收，争取顺利结题，参与优秀成果的评选。相关资料包括：实验报告、工作报告、实施方案、阶段总结、活动资料、学生问卷调查、获奖证书等。

七、成果汇报与总结讨论

（一）学生学习行为、学习能力和学习效果发生了显著变化

1. 课题研究以来，学生的实验能力、观察能力、动手操作能力、思维探究能力等综合能力有了很大的提高。问卷调查情况如下：(略)

2. 单元测验成绩的对比

在第一章的单元测验中，实验班与对照班的学生成绩比较如下：(略)

由此可看出实验班同学和对照班同学基本处于同一水平，有比较的基础。

在第三章单元测验中，实验班与对照班的学生成绩比较如下：(略)

实验班在能力型题目的得分和总平均分上比对照班有明显的优势，由此可见，传统的课堂教学束缚了学生的创造能力，在课堂教学中开展探究性学习是必要的也是可行的。此外，我们发现，化学探究性学习的诸多亮点已经渗透到数学、物理、生物等学科教学中，实践证明，我们的课题研究在其他学科的教学中，也具有旺盛的生命力。

（二）实验研究取得了丰硕成果

课改道路上的辛勤探索，使得××化学课题组逐步构建出独具特色的新型课堂教学结构，课题研究很快取得了丰硕成果。历年化学中考成绩名列全市前茅，2008—2010 连续三年的实验技术考试列全市第一名，2009、2010 连续两年的优质课比赛列全市第一名，教研组于 2008 学年被评为市优秀教研组。在今年举行的××教研活动中，化学组又取得了优秀教案比赛的第一名，化学课题组的典型经验于 2010 年 3 月在市义务教育工作会上做了典型交流。几年来，化学课题组共有

三人次上过市优质课，7 人次上过市级优质课和公开课，3 人次荣获市级荣誉称号，共有 30 多篇论文获省市级以上奖励或发表，先后有近 50 名学生在全国奥赛中获奖。

（三）有待解决的问题

虽然课题研究取得了较好的效果，但在实施过程中，也发现了一些问题有待解决：

1. 如何让学生在开始学习化学时，尽快具备进行科学探究学习的思维能力。

2. 随着学生学习化学的日益深入，想探究的实验越来越多，课外做探究实验，在没有教师在场的情况下，存在的不安全因素如何控制。

3. 学生对探究学习表现出极大的热情和兴趣，易影响其他学科学习，引起家长的反对，这一矛盾如何解决。

4. 随着实验研究的进一步深入，学生综合能力的不断提高，教师的素质提升将面临着新的挑战，需要不断地自我充电，推进实验的顺利发展。

蓦然回首，成果喜人；展望未来，任重道远。课题研究还有许多未知的领域需要我们去探索，相信，经过更全面系统的理论与实践研究，“探究学习与综合能力培养的研究”课题研究将会取得更佳的实验效果。

（例文选自卢云杰、孙杰主编：《新编应用写作实训教程》，清华大学出版社 2011 年版，第 322~325 页；有改动和删减）

评析：这是一篇创新型的实验报告，从提出课题的目的和意义、理论依据、研究对象和方法、具体的组织管理与实施步骤、取得的成果和不足等方面进行了汇报。做到了结构完整、层次清晰、内容具体、表述准确。

四、注意事项

（1）要写好实验报告，首先要做好实验，实验若不成功，实验报告也难以完成。应做好实验前的准备工作，按实验的要求、步骤进行操作，认真观察实验，做好实验记录，不能随意修改实验数据，更不能伪造数据。这是写好实验报告的前提。

（2）多用说明的表达方式，来表述实验过程及结果。

（3）要充分利用图表来说明实验过程和实验结果。图表是表达实验结果的有效手段，它比文字描述更为直观和简洁。

（4）实验报告是一种说明文体，语言力求简明、准确、客观，不要求生动和形象。

五、技能实训

（一）文种评析

请分析下面这份实验报告有何不足之处。

一、选题目的

维生素是人体必需的一类有机营养物质。维生素在人体内不能合成，只能从食物中摄取，它对人体的生命活动起着至关重要的调节作用，缺乏时会引起某些疾病，如缺乏维生素C则可能会患坏血病。西红柿中维生素C含量较高。那么，不同生长期、煮熟前后的西红柿中的维生素C的含量情况又如何呢？为此，我们做了如下的实验。

二、器材准备

试管、滴管、淀粉碘溶液、果汁机、试管夹。

三、实验过程

我们用榨汁机把不同成熟程度的西红柿榨成果汁，把一部分的西红柿果汁煮熟。往试管中滴入10滴、30滴、50滴的淀粉碘溶液，然后，再往试管中滴入不同成熟程度及煮熟后的西红柿果汁，不断振荡试管，使之充分反应。根据维生素C能够使淀粉碘溶液的蓝色褪去的原理，记录每种果汁使淀粉碘溶液的蓝色褪去的滴数，从而测定每种果汁中维生素C的含量的高低。

四、结果与分析

生长阶段 / 滴数 / 次数	西红柿果汁				淀粉碘溶液
	未成熟	半成熟	成熟	煮熟	
1	2	1	1	2	10
2	5	4	3	4	30
3	6	5	4	5	50

通过实验，我们得到越是成熟的西红柿果汁，滴到相同体积的淀粉碘溶液中，使其褪色所需要的滴数越少，可见越成熟的果实中维生素C含量越丰富。经过煮熟后的西红柿中维生素C含量比煮熟前有所减少。在加热中，维生素C容易被破坏。

五、收获与体会

根据在不同时期西红柿的维生素C含量多少，可以正确估计西红柿的营养价值最佳时期，从而控制其经济价值。根据当年的气候、运输时间等具体情况在西红柿果实成熟时进行采摘。我们在市场上选购西红柿时，应当看颜色红透，质稍软的，这样成熟程度的果实，往往具有相当高的营养价值，并且其中的营养物质最易被人吸收。

此外，番茄浆的加工原料是西红柿，而用于加工成罐头的又常是过熟或稍有烂迹的果实。但此并非是劣质产品，要知道，果实愈熟，其养分愈丰富，同时这也是对另一种“废物”资源的开发和利用。

西红柿煮熟后维生素C含量会降低，平时我们吃西红柿时，以生食为主。若西红柿要熟食，那么烹调中，为了保护营养素、消灭致病细菌，应按“高温短时”

的原则进行，起锅前再加盐，减少果汁的流失，烹调中加入少量醋，可以提高维生素 C 的保存率。

（材料来源：http：//www. lxyz. cn/Article/ShowArticle. asp？ArticleID = 1998，有改动）

（二）写作实训

请结合某一专业课程的实验，写一份实验报告。

（三）拓展训练

请搜集与自己专业相关的 2~3 份实验报告，分析其优缺点。

（四）情景模拟

小张在一家报纸上看到一篇报道，说树上的一个鸟窝忽然起了火，据推测，是悬挂在树叶上的露水滴像凸透镜一样聚集了太阳的光线，光线的焦点正好落在用枯草搭盖的鸟窝上，所以引起了火。小张看了这个报道后很感兴趣，想亲自实验一下，看看水滴是不是真的能起到凸透镜的作用，引燃柴草。

假设你是小张，请设计一个实验对此进行检验，并将实验过程按规范的格式写成一份实验报告。

任务二 项目说明书

一、情境导入

某市一酒业公司 2016 年白酒新品上市，上市前期企业试图进入当地中高端白酒市场，然而面对省内龙头白酒强势阻击，新产品上市并不成功，这极大地损伤了企业的元气。后来企业在经过深入的市场调研后，认为售价 20 元左右的低档酒市场容量巨大，果断推出零售价在 20 元的光瓶酒（不带外包装的酒）。由于主要竞争对手均将精力集中在中高端产品的市场推广上，该产品的销售获得了巨大成功，上市仅一年就获得了 3000 万元左右的利润，约占当地低档白酒 4 成的市场份额。

这家酒业公司能取得如此成绩，在于面对困境时，能够充分调研，根据市场需求重新合理定位，研发新的产品项目，避免了因好高骛远造成的举步维艰甚至被排挤出市场的严重后果。

二、必备知识

（一）概念

项目说明书是项目实施前从宏观上对项目的总体情况、投资估算与资金来源、市场分析、技术方案、效益预测、进度计划、风险分析等内容进行分项说明的应用文。

项目说明书为项目的实施提供了保障和依据，撰写项目说明书是项目实施前的必需和重要的一环。

（二）特点

1. 专业性

项目说明书属于专业性较强的文书种类，从其内容上来看，主要涉及的是工程建设、产品开发、活动策划等，一些名词、术语、数据、指标等应注意科学、准确、合理。

2. 预见性

项目说明书在制作时要做到充分调研、深入周全的思考，对项目的实际操作、效益及风险等都有一定的预判，使项目能高效有序运作、避开风险并获得效益最大化。

3. 严谨性

项目说明书是为项目的实施提供依据，写作时应该准确、精练、严谨，要避免因为项目说明书中的一个小失误导致严重后果，给企业和社会造成巨大损失。

(三) 格式

1. 标题

要写明建设项目的名称，反映是何种项目说明书，如《××综合商贸楼项目说明书》。

2. 正文

一般包括以下几个方面内容：

(1) 项目总体情况。从项目背景、项目概况、项目内容、建设性质、建设规模与标准、一些意向性的建议等方面概括说明项目基本情况。

(2) 投资估算与资金来源。包括估算依据、项目总投资额与构成、项目回收期、资金筹措方式、资金来源渠道等。

(3) 市场分析。包括国内外同类产品的生产能力、销售情况分析和预测、产品销售方向与销售价格、市场竞争优势、市场占有率的初步分析等。

(4) 技术方案。包括主要生产技术与工艺，主要专用设备来源。如拟引进技术与设备，应说明技术来源、鉴定及转让和拟引进设备的厂商的概况等情况。

(5) 效益预测。包括对项目的销售收入估算、成本费用估算、利润与税收分析、投资回收期、投资利润率等方面的经济分析以及社会效益的初步估计。

(6) 进度计划。对于周期较长的项目，应列出分期进度时间安排，包括前期工作安排、建设所需时间和生产经营时间。

(7) 风险分析。包括对项目技术、市场、资金等的风险分析及应对措施。

根据具体项目的不同情况，在制作项目说明书时要做必要的调整和取舍，有些正文里还会加上合作方式、联系方式等内容。

三、例文评析

【例文】

廊坊市自然公园西扩工程项目说明书

一、项目总体情况

廊坊市自然公园西扩项目是市委、市政府为改善居民生活质量，提升城市生态环境而实施的重点工程之一。园内总占地面积1390亩，包括绿地约1043.5亩，园林建筑面积约4.5亩，水域面积约147亩，硬化铺装面积约23亩，园路面积约102亩；共建聚贤广场、演艺广场、云绘楼等主题景观21个。

二、投资估算与资金来源

自然公园西扩工程总投资约3174万美元，已完成投资约1444万美元，需招商引资建设资金约1730万美元；由廊坊市建设投资有限公司自筹部分资金及招商引资投入。

三、市场与技术情况分析

廊坊市区总人口约50万，作为一个地级市唯一的自然景观森林，自然公园承载着众多市民的节假日休闲娱乐，现有公园占地面积67.1公顷（1006.9亩），园内生态环境良好，森林覆盖率达90%，林冠郁闭度0.8。实施自然公园扩建，进一步完善廊坊的城市绿地景观体系，为市民提供更加优美的城市公共活动空间并发展旅游休闲产业具有良好的市场前景。

四、建设条件与原材料供应

本项目建设地点位于廊坊市区西北方向，扩建区域位于原自然公园西北方，项目东北侧与京津铁路相邻，本项目选址无压覆矿床和文物，不影响通航及军事设施，有利于防洪和排涝等，不会造成相关不利影响，总体建设符合廊坊市总体规划要求。

五、财务与经济评价

自然公园作为廊坊的自然生态园林，扩建后将是廊坊市城区的一个大型综合性公园，不但会成为廊坊市区、安次区、广阳区居民日常生活、休闲、娱乐的理想场所，在节假日还会吸引周边县市甚至是省外的游客来这里游览。既能有效地解决广大市民城市公共活动空间较小的问题，又能挖掘自然公园的旅游资源，经济效益合理，社会效益明显。

六、项目承办单位情况

廊坊市城市建设投资开发有限公司成立于1999年，注册资金732119万元人民币，是经市政府批准成立的国有独资企业。经营范围包括：市国有资产管理部门授权的国有资产；负责对城市基础设施的开发。公司的主要职能为：代表市政府作为城建资金管理和使用的甲方，负责对新建城市基础设施项目的立项、招投标、工程预决算、施工组织及筹资等工作。

七、合作方式

独资、合资或BT合作建设均可。

八、联系方式 略

（例文选自河北建设网，http：//www.hebjs.gov.cn，时间：2013年4月16日；略有删减）

评析：这是一篇工程项目说明书，全文从项目的总体情况、投资估算与资金来源、市场与技术情况分析、建设条件与原材料供应、财务与经济评价、项目承办单位情况、合作方式、联系方式等方面进行了全面、专业的说明，写作准确、精练、严谨，为项目的准确操作实施提供了依据和方便。

四、注意事项

(1) 要注意突出项目的优势与特色。
(2) 要有一定的预见性与风险意识。
(3) 语言简明、准确，不要出现歧义。

五、技能实训

(一) 文种评析

这是一份项目说明书的目录，请结合所学内容，对其进行评析。

目　录

一　总论 ……………………………………………………………
1.1　项目名称……………………………………………………………
1.2　单位概况……………………………………………………………
二　项目建设的必要性、可行性 ……………………………………………
三　项目基本情况 ……………………………………………………
3.1　总投资……………………………………………………………
3.2　厂址选择、建设地址……………………………………………
3.3　建设内容和建设规模（附固定资产投资明细）　………………
3.4　工艺方案……………………………………………………………
3.5　原辅材料供应……………………………………………………
四　环境保护、消防及职业安全生产卫生 …………………………
五　节能节水措施 ……………………………………………………
六　生产组织及劳动定员……………………………………………

(二) 写作训练

结合自己所学专业及相关的实践经历，从工程建设、产品开发、活动策划等内容中选择一项，写成一篇完整的项目说明书。

(三) 拓展训练

项目说明书是专业性特别强的文书种类，写作之前对项目的准确、细致的宏观把控是写作成功的前提和基础。思考和讨论：我们写作项目说明书前需要调查、收集、整理哪些项目资料？

(四) 情景模拟

将全班分成四到六个小组，要求各小组在规定时间内分别完成以下情景模拟训练，最后教师点评。

某电脑租赁公司欲在我校附近开家分店，该分店提供针对我校大学生的以电脑租赁服务为主，以电脑维修、二手电脑交易和回收业务为辅的全方位电脑相关服务。此公司先期派专人对我校大学生电脑租赁、维修、转让需求等情况进行了具体、详尽的考察，然后制作出了一份大学生电脑租赁项目说明书。

任务三　设计说明书

一、情境导入

2016 年 10 月，××职业学院机电学院举行第三届机械部件创新设计与制造大赛，比赛要求各参赛队按照竞赛主题，通过校企合作，自行设计和制造参赛部件。参赛部件应具有一定功能，由 7~8 个零件（不包括电器元件）组成，符合 2015 年全国职业院校技能大赛高职组技术规范。参赛部件必须以机械设计和制造为主，提倡采用先进理论和先进技术，如机电一体化技术等。

陈××和他的同班同学共 6 名同学参加此次比赛，比赛过程中，他们要完成以下三大任务：创新设计（绘制 2 件在竞赛现场加工零件的零件图，绘制机械部件的实体图，编写创新设计说明书），答辩（制作答辩 PPT，现场答辩），创新制造（加工 2 个主要零件，装配和调试部件，编制零件加工工艺方案）。陈××作为队长把 6 名同学分为三个小组，分别完成以上任务，而他自己主要负责编写设计说明书。

由于陈××的设计说明书编写得非常规范、严谨，加上大家共同的努力，这 6 名同学在这次比赛中获得一等奖的好成绩。

二、必备知识

（一）概念

设计说明书是对某一工程、作品的设计过程和基本内容进行解释和说明的技术性文书。

（二）特点

1. 科学严谨

设计说明书是对工程、作品设计的重要指导文件，要对设计思想作出全面而系统的解说，并要对各项要求进行准确的表述，力求完善、完整、合理，要体现科学性。

2. 力求创新

项目设计应在接受别人成果的基础上有所改进，有所创新，写作时要突出自己在设计中的独到之处和有特色的地方。

3. 真实可靠

设计说明书是设计工作的整理和总结，必定要求具有真实可靠性，表述的设计任务、要求、过程及结果要真实具体，依据的资料正确，数据计算精确，设计方案安全，设计结果实用。

（三）分类

1. 工程设计说明书

工程设计说明书是对具体建设工程项目的设计过程和基本内容进行解释和说明的技术性文书，是该工程项目审批的必备文件，也是施工单位进行建设的依据，也是基建单位在工程竣工时的验收标准。

2. 课程设计说明书

课程设计说明书是工科类学生完成某门专业课程后，在教师的指导下，对本课程的某一特定课题进行具体设计实践活动，说明课程设计的任务、要求、过程及结果的说明性文书。

3. 毕业设计说明书

毕业设计说明书又称为毕业设计报告，是应届大学生针对某一个具体课题，综合运用自己的所学的专业知识、理论知识、基本技能表述专业设计情况的一种应用文体。毕业设计是大学阶段全部学习成果的总结，是评定学生毕业成绩的重要依据。

（四）格式

不同种类的设计说明书，写法各不相同。

1. 工程设计说明书

一般包括总封面和目录、正文、附录三个部分。

（1）总封面上要写明项目名称、设计单位名称、设计单位负责人、设计总负责人、设计日期等项目。

（2）正文是对该项工程具体设计的说明和论证。工程项目因目的、要求、工程性质、特点的不同，正文的内容和重点也不同。

如房屋建筑工程设计说明书的内容包括工程设计主要依据、总体概括、设计指导思想、总平面设计、建筑设计、结构设计、给水排水设计、电器设计等。

如室内装潢设计说明书内容包括工程概况（工程类型、面积、空间功能要求等）；业主设计要求；设计理念和设计目标；规划及设计方案；环境、照明、通风等其他方面的设计；设计总结等。

2. 课程设计说明书

一份完整的课程说明书应包括以下几个方面：

（1）封面，包括题目、院系、学生班级、学号、学生姓名、指导教师姓名等。

（2）目录，目录中应包含正文及其后面部分的条目。

（3）正文，正文内容一般应包括：

选题背景：说明本课题应解决的主要问题及应达到的技术要求；简述本设计的指导思想。

方案论证：说明设计原理并进行方案选择，阐明为什么要选择这个设计方案以及所采用方案的特点。

过程（设计或实验）论述：对设计工作的详细表述。要求层次分明、表达确切。

结果分析：对研究过程中所获得的主要的数据、现象进行定性或定量分析，得出结论和推论。

结论或总结：对整个研究工作进行归纳和综合。

（4）设计体会及今后的改进意见。

(5) 参考文献（资料），格式：[编号] 作者. 论文或著作名称. 期刊名或出版社. 出版时间。期刊应注明第几期、起止页数。

(6) 课程设计资料的装订。按以下顺序装订成册：封面、目录、正文、设计体会及今后的改进意见、参考文献；设计任务书、设计说明书（报告）和图纸等。

以上规范要求主要针对工程设计类课程设计，理论研究、计算机软件类课程设计可参照执行。

3. 毕业设计说明书

毕业设计说明书由以下几部分构成：封面、目录、引言、正文、结束语、参考文献等。

(1) 封面，是毕业设计说明书的表面，应按要求逐项填写清楚。

(2) 目录，由毕业设计说明书的章、节、附录（可无）等的名称和页码组成。章节既是毕业设计说明书的提纲，也是其组成部分的标题。

(3) 引言，应简要说明毕业设计的目的、意义、范围、研究设想、方法、选题依据等。

(4) 正文，正文是毕业设计说明书的核心部分，占主要篇幅。

(5) 结束语。毕业设计说明书的结论应当准确、完整、明确，概括说明毕业设计的工作情况和价值，分析其优点和特色，指出创新所在，性能达到何种水平，同时指出尚待解决的问题、设想、建议等。

最后一行致谢，应以简短的文字对在毕业设计过程中给予指导的老师表达自己的谢意。

(6) 参考文献，按引用文献的顺序，列于文末，具体格式如下：

[1] 作者名. 文章名. 杂志名. 期数（杂志）.

[2] 作者名. 书名. 出版社. 出版日期（书）.

[3] 作者名. 文章名. 网址. 日期（网上资料）.

三、例文评析

【例文一】

××大学体育场初步设计说明书

一、建筑设计说明

（一）工程设计主要依据

1. 甲方设计要求（略）

2. 甲方提供的地形图及规划图（略）

3. 工程设计合同书（略）

4. 相关设计规范文件（略）

（二）场地及主体设计概述

××大学体育场位于××市，属亚热带季风性湿气候，光照充足，雨量充沛，地点位于××大学校区东部。东部为体育场地及拟建食堂，南边为拟建学生宿舍，西边为休闲绿地，北边为校区外道路。场地北高南低，用地标高为61.00m。计划用地面积49991m^2，占地面积4390m^2（不含运动场地面积），建筑面积7593.90m^2，绿化率83%（见总平面图）。本工程主体为体育场楼，西看台三层，东看台两层，无地下层，主体结构均为二级耐久年限（50年以上），抗震烈度为六度设防。本工程设计范围包括建筑、结构、水、通风、消防及概算，不包括煤气、媒体、监控及二次高档装修。

（三）设计指导思想

本设计除应执行国家有关工程设计的方针、政策外，还应执行下列基本原则：

1. 根据建设方的用途和目的，在追求精品建筑的同时注意降低建筑成本，综合提高该建筑的经济效益、社会效益、环境效益。

2. 合理利用城市土地和空间，充分考虑地块条件、周边资源及平面功能要求。

3. 适应现行的经济发展水平，在满足当前需要的同时适当考虑将来提高和改造的可能。

4. 节约建筑能耗，保证围护结构的热工性能。

5. 建筑设计的标准化和多样化充分结合。

6. 体现对残疾人、老年人的关怀，对他们的生活、工作和社会活动提供无障碍的室内外环境。

7. 合理设置公共设施，避免烟、气（味）、尘及噪音对周边环境的污染和干扰。

8. 建筑和环境充分考虑防火、抗震、防空等安全措施。

9. 合理组织人流、车流及物流，着重处理好建筑道路、广场、院落和绿地之间及其与人的活动之间的相互关系。

10. 建筑体现地方风格及现代气息，彰显个性，为校区内塑造风格现代、特征鲜明的标志性建筑。

（四）总平面设计

1. 建筑布局和间距。在总体布局上将体育场置于用地中央，与学生宿舍间距为76.2m，不遮挡其余建筑的采光日照，整栋建筑周边为大面积绿化和广场，充分考虑了防火、日照、防噪、采光、通风、卫生等要求。体育场南北朝向，避免眩光对比赛的影响，除布置前后绿化广场外，还布置了院落式绿化广场，给工作人员提供了一个宜人的工作和休息环境。

2. 交通组织设计。人流分东西看台按分区进入，体育场四周布置环行消防车道，以满足消防要求。

3. 绿化设计。本工程除在建筑周围设防布置道路、集散广场外，尽可能多地设置绿化用地，足球场种植草皮，绿化率达到70%以上。本工程的室外管线尽量采用地下管沟铺设的方式，地下管线的走向为沿道路或建筑平行布置。以离建筑物的水平距离排序，各种管线的埋设顺序由近及远依次为电力管线、煤气管、热力管、给水管、下水管；以离建筑物的垂直距离排序，由浅入深依次为电信管线、热力管、电力电缆、煤气管、给水管、下水管。

（五）建筑设计说明

本建筑为室外体育场，西看台三层，东看台二层。

1. 建筑平面设计。西看台一层层高 3.6m，二层和三层看台下空间可利用，东看台室内跑道为二层高的大空间。整栋建筑主要功能包括：室内外运动训练、运动员休息、候场、贵宾接待等。

体育场看台建筑采用通透的设计手法和坚持内外空间共享的设计理念，使整个建筑布置于大面积绿化广场中，增强了人与自然环境的交流。

2. 建筑交通组织设计。西看台三座楼梯，东看台二座楼梯，运动员、贵宾与观众的出入口分开，观众疏散时间为五分钟。

3. 建筑立面设计。建筑立面造型力求新颖明快，东西看台入口面为主要立面，采用黄褐色与白色相间的涂料表面以及大面积落地玻璃窗，形成强烈的虚实对比。有韵律的竖向线条，削弱了较大的横向视觉尺度感。

4. 防水设计（略）

二、结构设计说明

（一）设计依据

1. 有关批文（同建筑部分）（略）

2. 自然条件（略）

3. 执行规范文件（略）

（二）结构设计

1. 本工程主体部分采用现浇框架结构，东西看台楼面板采用现浇梁板结构，西看台屋盖采用钢桁架悬臂梁结构，梁根部利用钢拉索与下部看台部分的横向大梁拉接，框架抗震等级为三级。

2. 体育场总长度为 130m，中间设两道温度伸缩缝。

3. 南北看台部分采用黏土空心砖砌筑。

（三）基础设计

根据工程地质勘察报告，基础采用独立柱基和人工挖孔灌注桩，地基基础设计等级暂定为丙级。

（四）结构计算（略）

（五）材料（略）

（六）主要设备材料表（略）

三、给排水设计说明（略）

四、电气设计说明（略）

××建筑设计院

××××年×月×日

附：工程设计平面图，总概算表，单项工程概算表（略）

（例文选自李峻、孙春祥主编：《科技实用写作》，高等教育出版社 2004 年版，第 12~14 页；有改动）

评析： 本项目说明书工程较大，设计内容较多，全文格式规范，结构完整，重点突出，表述全面。对房屋建筑工程设计中必不可少的设计依据、总平面设计、建筑设计、结构设计等主要文件进行详细的解释和说明，既有总体的全面规划，又有单项的具体安排，更有建筑结构和建筑材料的选择、工序流程等质量要求，附录中的具体的施工图纸、设计概算书和材料表，为顺利施工提供了依据，为监督、验收提供了标准，从而确保工程质量，实现基建单位的总体意图，具有极大的实用性。尤其是每一设计项目前都提供了设计的主要依据，体现了设计的科学性。

四、注意事项

(1) 写作前必须深入实践进行调查，掌握与项目相关的文件、资料、数据等，写作中对这些材料展开分析和论证做到言必有据。

(2) 技术性和实用性相结合。设计说明书带有很强的技术性，但也必须考虑投资成本、使用环境、经济效益等，做到技术性和实用性完美结合。

(3) 计算正确，论述清楚，文字简练通顺，插图简明，书写整洁。文中图、表按制图要求绘制。

五、技能实训

(一) 文种评析

阅读下面文章回答以下问题：

1. 请分析这份毕业设计在写作上存在的问题。
2. 修改自己认为不符合写作要求的部分。

XR2211 及在 IR-MODEM 中的应用

——应用电子技术专业毕业设计报告

一、选题的背景与意义

有线通信方式由于拖带一根通信电缆，使其速度、移动范围受到限制，拖带电缆易磨损，拉断，滑节产生的火花干扰常常影响通信质量；而无线通信则易受到干扰而使可靠性降低。感应无线技术能较好地解决这个问题，同时这一技术又能方便地解决移动机车的自动控制，奠定了一定的基础。

二、研究的基本内容和解决的主要问题

XR2211 及在 IR-MODEM 中的应用与主要问题的解决方式；XR2211 及在 IR-MODEM 中的设计及实现。

三、研究的方法及技术线路

首先对 XR2211 及 IR-MODEM 中的发展进行了解和深入研究，查阅相关的资料，然后通过学习 PROTEL99SE 来完成芯片的电路设计，并进行系统调试，作出完美的一份毕业设计。

四、研究的总体安排与进度

时间安排：一月至二月整理资料；

三月至五月编写论文；

六月修改论文及答辩。

五、主要参考文献

[1]《通信原理简明教程》　清华大学出版社

[2]《感应无线数据通信系统 SW-88》　电子技术应用

[3]《Protel 99 SE 电路设计技术与入门》　电子工业出版社

[4]《相关元器件的数据手册》

[5]《单片机原理与接口技术》　北京航空航天大学出版社

[6]《C51 基础教程》　华中理工大学出版社

[7]《锁相环原理及其应用》

致谢：本论文是在×××老师的悉心指导和热情关怀下完成的。×××老师渊博的学识、严谨的治学态度及随和的为人处世之道给我留下了难以磨灭的印象，这将使我终身受益，同时，蒋××老师在生活上也给了我极大的鼓舞和帮助。为此，我要对他致以最衷心的感谢。

在专科学习的三年中，我与同学建立了深厚的友谊，他们在我遇到困难时无私地伸出援助之手，对他们的帮助我特别感谢。最后，对关心、支持我的亲人和老师致以最衷心的感谢。

（材料来源：李佩英编著：《应用写作实训教程》，高等教育出版社 2009 年版，第 244~245 页）

（二）写作实训

根据所学专业与自身兴趣，撰拟一份“技术开发或项目设计”方面的设计说明书，要求设计理念具有前瞻性，严格遵循写作规范。项目自行设计。

（三）拓展训练

（1）研究身边某种生活日常器具，提出改进性意见，并形成 300~500 字的改进设计说明。

（2）选择本专业感兴趣的研究方向，设计适合自己的项目设计的论题（至少四个）。

（四）情景模拟

项目名称：××丹堤 A 区

建筑面积：450m^2

装修风格：传统与现代结合

主要材料：进口大理石，进口墙纸，银箔、红橡面板索色、“本杰明”进口涂料。

设计单位：深圳市××装饰有限公司

设计师：总部第十工作室××

本案地处××关口附近，背山面水，自然环境优美，为双拼四层别墅，地下半层地上三层，前后拥有花园，通风采光好，户型方正，结构合理，空间高，是一套不可多得的经典户型。

业主为一对年轻夫妇，从事 IT 行业，典型的知识分子，思想活跃，品位高雅，对传统文化有深厚的理解。本案在设计手法上，突出了文化人温文尔雅、平和理性的特点，用浅橘色的整体色调，表达业主的温馨典雅。在设计风格定位上，吸取了文艺复兴时期“巴洛克”风中的一些经典元素，不过分张扬，而又恰到好处地把雍容华贵之气渗透到每个角落，既突出别墅本身的自然优势又适当彰显业主的个人品味。

客厅经过精心布置。与电视背景相对的一面特意设计了展示柜，展示柜采用乳白色，使浅橘色为主的客厅显得活泼生动；地面及部分墙面运用了天然大理石做饰面；而贴金箔的镂空雕花与水晶珠帘的相映成趣。

餐厅另有一番风味。最显著的特点就是空间高，设计没有改变原空间结构，而以长长的落地珠帘将这种风格进行渲染，并在餐厅顶部设计圆形的彩绘玻璃，华灯闪烁，珠帘隐隐，每饮美酒，已不觉心醉神迷。

主卧与书房十分淡雅，这里没有多余的色彩、布置和家具，没有喧嚣与繁冗，一派宁静悠远；设计将原本不规则且略显零乱的天花板加以简化整合，改变后的主卧空间呈上升之势，置身其中给人积极向上之感，表现业主对快乐人生的追求；设计采用传统的玲珑雕花隔断把主卧与书房两个空间加以适当区分，形成一个隔而不断、分而不离的互动空间，惬意的、时尚的、成功人士的品质生活体验尽在其中。

阅读以上室内设计方案，回答下列问题：

1. 确定该设计项目的主题。

2. 这篇设计方案是从哪几方面进行说明？分别采用了什么表达方式？

3. 请按照方案中的风格，结合自己所学专业知识，为业主设计该案的客厅。

项目六 创业类文书写作

任务一 市场调查报告

一、情境导入

年仅22岁的姑娘贺××，大专毕业不到一年，通过自己的努力，办起了一家拥有4家专卖店的某食品专卖有限公司。专卖店开了3个多月，净利润达到5万多元。

贺××的创业思路是在2016年大学快毕业进行社会实践时形成的。她在市场调查中发现，如今粽子已经从单纯的节令食品，发展为一年四季的佳品，粽子的市场潜力较大。于是，她有了一个新的念头，她要做一个全新概念的粽子。此后，她四处拜师学艺，学得一手制作粽子的好技术。大学生创业，最头痛的事便是缺少资金。而贺××所做的市场调查和实践为她获得资金创造了机会。在当地某项创业计划竞赛活动中，贺××因为有前期的市场调查和实践做基础，其创业计划一举夺魁，最终获得50万元创业资金。

市场调查研究是经营决策的前提，只有充分认识市场，了解市场需求，对市场作出科学的分析判断，决策才具有针对性，才能拓展市场，使企业兴旺发达。无论企业还是个人，要创业首先要做的事情就是市场调查研究。

二、必备知识

（一）概念

市场调查报告是用科学的方法对市场情况进行调查，然后对所获得的信息资料进行整理和分析研究，得出调查结论，供有关决策者参考的书面报告。

（二）市场调查的方法

市场调查的方法很多，常用方法主要有观察法、访问法、实验法。

观察法：观察者到现场凭自己的视觉、听觉或借助摄录像器材，直接或间接观察和记录正在发生的市场行为或状况，以获取有关原始信息的一种实地调查法。

访问法：即访问调查法，也称询问法，是将所要调查的事项以当面、书面或电话的方式，向被调查者提出询问，以获得所需要的资料。有电话询问、邮寄询问、留置问卷、小组座谈、个别访问等多种询问形式。

实验法：通常用来调查某种因素对市场销售量的影响，这种方法是在一定条件下进行小规模实验，然后对实验结果作出分析，研究是否值得推广。凡是某一商品在改变品种、品质、包装、设计、价格、广告、陈列方法等因素时都可以应用这种方法调查用户的反应。

（三）特点

1. 针对性

针对性表现在两个方面：一是市场调查报告写作目的非常明确，调查分析问题有的放矢；二是市场调查报告往往针对明确的阅读对象，因为不同对象有不同的要求，他们所关心的问题的侧重点也不同。

2. 科学性

科学性是指从实际出发，运用科学的方法，有计划、有目的地搜集、整理、分析和研究市场信息资料，找出事物的发展规律。

3. 时效性

时效性是市场调查报告的生命和力量所在。只有迅速、灵敏地记录和反映市场供求的新变化、新动态，并将市场信息以最快的速度传递到决策和管理部门，使经营决策跟上市场形势的发展变化，才能发挥市场调查报告的作用。

（四）市场调查报告的分类

按照调查对象内涵分，可分为专项性市场调查报告和综合性市场调查报告。

1. 专项性市场调查报告

专项性市场调查报告是指某一部门或某一经济实体对特定市场某一商品供需变化、新产品等情况的调查研究的报告。

2. 综合性市场调查报告

综合性市场调查报告是指对大范围或整体现象所做的综合性调查，常指大范围内的各种全局性、整体性、综合性的经济问题的报告。

（五）市场调查报告的格式

市场调查报告一般由标题、正文、文尾三部分组成。

1. 标题

市场调查报告的标题写法很灵活，可以采用多种形式，写作力求内容明确，语言简洁、醒目。常见的标题主要有两种：单行标题和双行标题。

单行标题，就是用一句话概括调查报告的主题和要揭示的问题。一般由调查对象和文种组成，如《关于2012年国内汽车销售市场的调查报告》。也可将调查对象的相关情况概括成标题，如《今年我国粮油进出口出现五大变化》。

双行标题，也就是正副标题形式。一般用正标题揭示调查结果或主题，副标题指明调查范围（时间、地点、对象）和调查情况等，如《市场在哪里——天津地区三峰轻型客车用户调查》。

2. 正文

市场调查报告的正文一般包括前言、主体和结尾三部分。

（1）前言。前言一般就调查报告的情况进行简要说明或回顾，使读者对报告有一个大致了解。或概述基本情况，或提出基本观点，或简介主要内容，写法不拘一格，但要将调查的目的、时间、地点、范围、对象、经过和方法交待清楚。

（2）主体。主体是市场调查报告的重点。首先需要用调查所获取的资料信息介绍调查对象过去和现在的客观情况，如发展历史、市场布局、销售情况等，然后对收集的材料进行科学的分析，预测市场今后的发展变化趋势，从分析中得出结论性意见，最后根据调查结论提出相应的措施和建议。

（3）结尾。结尾是照应全文，或简要重申观点，或加深认识等，其目的在于点明、深化主题。也有的调查报告，主体写完自然结束。

3. 文尾

指调查报告的单位落款（或作者署名）和日期，一般在正文的右下方标注。如果是公开发表的市场调查报告，作者的名字写在标题的下方或右下方，正文后不写名字和日期。如果正文中有相关信息，也可不必再另外署名。

市场调查报告的写法不是固定的，一定要根据实际情况具体确定。

三、例文评析

【例文】

关于加快××市××区商贸发展的调查报告

××市××区自古即是川东北及嘉陵江流域的商贸重镇，有着“西接蜀都、东向鄂楚、北引三秦、南联巴渝”的商贸发展区位优势。为进一步加快商贸业发展，找准发展过程中的问题和不足，明确工作推进过程中的着力点，××区人大常委会于年初谋划重点工作时即决定对商贸工作实施专项评议。9~10月，该区人大商贸工作评议组采取“面对面”与“背靠背”相结合的方式，与区商务局、相关区级部门、酒店商超等企业以及市商务局领导、区政府分管领导分别进行了走访座谈和问卷调查，对全区的商贸发展情况有了比较全面的了解。现将调查情况报告如下：

一、目前做法与主要成绩

近年来区政府与相关职能部门以“商贸立区”为统领、以改革创新为动力、以优化服务为抓手，坚持统筹谋划、依法履职、主动作为，工作成绩有目共睹。

（一）商贸发展成绩喜人

2015年，全区实现社会消费品零售总额121.7亿元、三产入库税金26.16亿元、出口创汇24828.00万美元，同比分别增长16.3%、32.1%、77.2%，社会消费品零售总额在全区GDP中的比重以每年5%的速度递增，三产入库税金对区本级财政的贡献率达60%。商贸工作连续五年在全市目标考核中名列第一，三产经济连续七年位列全市第一。五年来，该区的商贸经济在全省173个县（市、区）中，跃升了30余位，已跻身进入全省（含成都地区）前十强。

（二）业态布局日趋完善

制定了《××市××区商贸服务业发展规划》，规划并大力推动“一主两副五片、两带九街、二园三区”建设，特别是南门坝商业副中心已粗具规模，成为城区南端名符其实的商业中心。集中打造了模范街、环形商圈、滨江美食文化长廊、江天美食街等一大批特色商业街。综合功能优、承载能力强的南充国际商贸城已完成部分土地报征，正在完善项目规划设计；以高端百货为主的仁和春天商业综合体正在加快建设进度；占地300亩的川东北批发市场落成在即……这些大型商贸体的投入使用，将使该区业态布局更加合理、更加完善。

（三）商贸主体转型升级

一是加大力度招大引强，名企名店纷至踏来。其中大型商超有家乐福、大润发、沃尔玛等，高端百货有重庆新世纪、仁和春天，知名房企有万科、蓝光、绿地等。二是加大市场改造力度，传统市场、传统商圈纷纷转型升级。完成了狮子湾宠物花卉市场建设、南门坝水果批发市场配套改善和30个城乡农贸市场的升级改造。川北农产品交易市场建设有序推进；川北建材市场新引进国内外知名品牌100余个；以五星花园为核心的人民路立面改造工程，让南充展现出了“大都会”的美丽光彩。三是实施品牌战略，本土品牌逐步崛起。“川北凉粉”、“雅特居”、“送包子”、“杨鸭子”等一系列具有本土特色的名品名店，正陆续冲出南充、走出四川、迈向全国。

（四）内需外贸齐头并进

一方面内需拉动强劲。开展了家电以旧换新、汽车摩托车下乡、家电下乡、家电节能补贴等惠民活动以及“万村千乡”活动，多层次、多形式地带动居民消费；另一方面外贸增长迅速。新增力马公司、日上集团2家“新用全”企业；2015年1—9月实现出口累计2900万美元，年均增长21%。

二、存在的问题和不足

（一）交通物流制约发展进程

虽然该区已规划城北公路货运物流配送中心，但受各方因素影响，规划的土地迟迟未能兑现，建设计划被搁浅几年。由于没有一个大的仓储物流园区，致使一些大的商贸企业找不到合适的库房。如家乐福、沃尔玛等大型商超不得不占用公用的地下停车场用于码放货物；原川东北片区的恒安集团心相印纸业总经销商由于库房缺乏而迁址广安，导致每年几百万元的税源流失。目前，××区的现代物流园落成在即，一些大的商贸实体可能会将战略重心向能满足其仓储物流需求的××区转移，届时该区的商贸中心地位将会受到严峻挑战。另外，五星商圈交通拥堵、停车位难求的问题，也制约了传统商圈的发展。

（二）商业服务提档升级不够

一是决定城市影响力的名企、名品、名店数量偏少，离建设百万人口特大城市的需求不相适应。二是作为地区名片的本土品牌数量和影响力都还不够。目前顺庆还没有全国驰名商标，四川省著名商标也只有5件。三是服务业态水平偏低。没有集快递收取、水电缴费、公交充值等便民服务为一体的社区综合服务店、24小时便利店；餐饮、酒店等同质化竞争比较突出，跟风模仿的多，自主创新的少，缺乏自身特色；没有大的具有影响力的物流企业、电子商务企业以及从事信息咨询、技术服务、创意策划等技术含量较高的企业。

（三）商业网点建设还需细化

一是社区商业网点建设还比较落后。尤其是一些新建社区的商业功能不够完备，突出反映在离农贸市场远，早餐、修锁、改衣服、补鞋子等家居生活便民服务难找。二是乡镇商业网点建设不足。该区商业网点规划还多局限在城区，乡镇的商业发展还普遍存在着分散化、零碎化、层次低、缺乏统一规划、商品和服务的质量普遍不高等问题。三是名优特小吃各自为战、点位分散，人气商机聚集力不强，需要进一步集中规划和打造。

（四）街区打造水平有待提高

一是预见性介入不够。新建设的街区，尤其是一些重点街区，在商家入驻初期缺乏对街区形象的统一规划，商家以个人好恶来打造店面风格，影响了街区形象。二是后续管理乏力。该区的特色街区和市场的打造还存在着"重建设，轻管理"的问题。由于后续管理缺乏相应的机构、人员等保障，致使一些打造好的特色街区和市场事后又受到破坏和影响。

（五）商贸工作人力配置偏弱

商贸工作的牵头单位区商务局，目前只有行政编制 12 人、工人编制 1 人。随着项目任务的增多，人手越发紧缺，而熟悉商贸经济的专业型人才更是稀缺，许多工作难免心有余而力不足，在行政执法、新兴业态培育等方面均还存在薄弱环节。

三、下一步工作建议

要进一步巩固顺庆在川东北区域的商贸中心地位、提升在成渝经济区的影响力和承载力，就要在"商贸立区"的根本战略下，进一步统一思想认识，确保步调一致、同心协力促进商贸发展，并做好以下工作：

（一）加强宣传，打造城市名片

香港——"亚洲国际都会"，杭州——"东方休闲之都"，成都——"一座来了就不想离开的城市"。当下国内外城市正在竞相用各种手段包装自己、打造名片、提升知名度。顺庆要创名牌、聚商机、增活力，就要加强对城市名片的打造与宣传，进一步挖掘商贸发展潜力、拓展商贸发展空间、汇聚商贸发展资源。要抓住正在规划新建的南充国际商贸城、北部新城等契机，通过电视、网络、报刊、户外广告等多种媒介，进行高密度、全方面的宣传推介，确立自己的优势地位、吸引更多企业入驻。

（二）政策配套，培育新兴业态

一方面要认真学习和借鉴外地经验，研究和制定用地、税收、行政审批等方面的优惠政策；另一方面要积极向上争取更多政策支持，鼓励新兴业态发展。一是加强仓储物流业配套建设。要尽快落实城北公路货运物流配送中心的建设用地，尽快解决五星商圈的拥堵问题、停车难问题，加大力度发展城市公共交通，保障商贸发展的物流根基；要加强商贸物流设施设备的更新与建设，提升商贸物流业的运转效率。二是培育总部经济，大力打造具有影响力的CBD（中央商务区），招引跨国公司和外埠大型企业集团的片区总部入驻。三是活跃会展经济，要积极举办或承办具有影响力和辐射力的各种会议、展览和展销。四是大力支持电子商务、信息技术等科技含量较高、发展后劲强劲的企业发展。五是积极引导传统服务业转型升级，实现服务业的现代化。六是鼓励商贸企业走品牌发展之路，支持商贸企业做大做强。建议区政府拿出一定的资金，给予争创驰名商标、著名商标的企业，以及在销售额、税收、出口创汇等方面作出突出贡献的企业以奖励。

（三）规划引领，完善网点布局

一是以方便群众生活、保障消费安全为原则，大力推进“商业网点双进”工程，即商业网点进社区、进乡村。要做好规划配套，大力支持社区服务业发展，完善服务功能；要鼓励发展城乡连锁经营实体，促进乡村商品和服务的提档升级。二是大力打造特色、亮点街区。要实施商业副中心的分类布局，进一步加强对每个副中心的功能定位和特色打造；要整合名优特小吃资源，打造名优小吃街区，实现集约化、专业化经营；要研究措施，对已形成的特色街区要加强管理和维护。三是规划和建设“廉租”商业区，由政府作为投资主体，低价租赁给下岗失业人员等弱势群众开展经营活动，千方百计帮助低收入群众脱贫致富，同时减轻街面摆摊设点给城市管理带来的压力。

（四）培育商会，优化政务服务

要按照“全国一流”的标准定位，打造该区的企业服务环境。一要积极培育行业协会，扎实研究经济发达地区行业协会的运行机制，着手引导成立行业性或地区性的民间商会，充分发挥商会在维权、服务、协调、自律等方面的积极作用。二要优化行政审批程序，提升服务水平，营造亲商、敬商、重商、护商的发展环境。三要构建政府主导、职能部门牵头、相关部门配合、职责明确、分工合作的商贸工作机制。

（五）加强保障，壮大队伍力量

商贸工作历来是该区的立区之本，工作量大、责任繁重、人员不足，建议政府增加人员编制和经费保障，引进商贸类专业人才。同时整合商务局、工商局、食药监局等市场监管力量，形成市场监管合力，努力攻克市场监管中的各项“顽症”，保障消费者权益，维护繁荣稳定的市场秩序。

××市×区商贸发展调查小组

××××年×月×日

（例文选自 http：//www. gkstk. com，略有改动）

评析：这篇市场调查报告标题规整；前言简洁明确地交代了调查的背景、目的、时间、方法等内容；主体部分从成绩、问题和建议三个方面介绍调查的基本情况和得出的结论。全篇主题突出、内容明确、条理清晰、资料翔实，特别是数据的广泛使用显出了调查内容的真实、可信。

四、注意事项

（1）写作目的要明确，针对性强，内容上要注意突出重点。

（2）要以充分翔实的资料为依托，叙述实事求是，评价客观公正。

（3）不能只是堆砌材料，要注重分析，揭示事物发展的内在规律。

（4）要讲究实效，真正起到为市场预测和经营决策服务的作用。

五、技能实训

（一）文种评析

以下是一份关于茶叶消费市场调查报告的前言部分，请分析其存在的问题。

中国饮茶文化起源于上古时期，“神农尝百草，日遇七十二毒，得茶而解之”，经过几千年的发展，形成了自己独具魅力的茶文化。茶道在我国唐朝时传入日本，但是现在提起茶道，人们却只知日本茶道，不禁使我觉得自己一定要做些什么来弘扬这一宝贵的中华传统文化。我强烈呼吁：中国人喝中国茶，发扬传统文化！为了详细了解国内茶叶消费情况，我利用暑假时间做了深入调查。

（二）写作实训

（1）问卷调查是最常见的市场调查方法之一。请设计一份不少于15个选项的调查问卷，对你所熟悉的大学校园和大学生们的生活、消费情况做个问卷调查。

（2）根据问卷调查的结果，请你试着写出一篇2000字左右的××高校（或市）大学生日常消费情况调查报告。

（三）拓展训练

李××同学想就院里大学生手机消费情况做个市场调查。他先从网上下载了一份《市民手机消费情况调查问卷》，复印了60份，上午第四节课后发给自己所在的班级，让大家迅速填好上交。当时很多同学吵着肚子饿，三下五除二地在选项上胡乱打了几个勾就交给了他；有些根本不配合，拿到问卷往桌里一塞就跑了。最后收回有效问卷32份。李××硬着头皮，根据问卷统计结果写成了一篇《我院大学生手机消费市场调查报告》。

请你根据以上情况分析李××在写作市场调查报告过程中存在哪些问题。

（四）情景模拟

小组座谈法，又称焦点小组访谈法，就是采用小型座谈会的形式，由一个经过训练的主持人以一种无结构、自然的形式与一个小组的具有代表性的消费者或客户交谈，从而获得对有关问题的深入了解。

在教室进行小组座谈模拟训练：由教师划定小组座谈人员8~10人，并指定主持人，要求主持人引导学生对下列主题分别进行小组座谈：

（1）我院学生的文化用品消费现状。

（2）我院学生的网上购物消费现状。

（3）为什么说消费取决于居民的持久收入？

（4）学生自定的访谈主题。

组1座谈结束后，学生代表和教师应对主持人和座谈主题的深度进行点评，然后再进行组2的座谈、点评。以此类推。

任务二　可行性研究报告

一、情境导入

每当李××看到媒体上报道的大学生创业成功的案例时，他十分向往，在某高职院校学习计算机专业的他也开始寻找创业的机会。通过对学校所在的大学城的观察，他发现学校附近的打印店生意特别好，考虑到自己所学专业，衡量了一下自己的计算机方面的能力，李××决定邀请几个同学在学校附近创办一家大学生计算机服务中心。但是大学生创业存在很大风险，为了减少风险，李××及同学们还是认为要先做好可行性研究。首先他们调查了周边的市场，附近学校众多，有近30000名在校大学生，而现有的打印店大多数只是打印、复印等简单项目。接着他们明确了自己创业项目的服务项目主要是计算机软硬件维护与安装；计算机常用小配件的协助采购；电子文稿的排版、打印、页面设置；教学课件的媒体设计与制作；数码照片的修整及低价协助冲洗，免费拍照、大头贴设计与制作、设计电子相册等相关服务，包括日常学生校园彩照和毕业生合影照；板报效果图设计，低价位协助采购所需材料；网站的设计与制作等，确定了机构设置、管理体制、薪酬分配等事项。最后租赁了一家离学生公寓不远的小门面。一切妥当后，李××与同学的大学生计算机服务中心正式开业了，因为正值开学，再加上他们的经营范围比较广泛颇受大学生的欢迎，他们的生意非常兴隆。

大学生自主创业就是大学生通过个人及组织的努力，利用所学到的知识技能、技术以自筹资金、技术入股、寻求合作等方式，在有限的环境中努力创新、寻求机会，不断创造价值的过程。大学生自主创业最好地体现了把知识转变为财富，体现了创新精神和团队合作精神。但其中也存在风险，因此同学们在创业前要慎重考虑，并且要做好市场调查和可行性研究。

二、必备知识

（一）概念

可行性研究报告是在制订生产、基建、科研计划的前期，通过全面的调查研究，分析论证某个建设或改造工程、某种科学研究、某项商务活动切实可行而提出的一种书面材料。

（二）特点

1. 具有科学性

可行性研究报告要给决策机关提供依据，必须具有严肃的科学性，它要运用大量科学的、准确的数据和资料，阐明拟建项目在技术上、经济上所依据的理论、原理。语言的表达也多用科学的说明和严谨的论述。

2. 具有系统性

要对项目的各种因素进行全面、系统的分析。因为有的项目从这个角度看是有利的，从另一个角度看又是不利的，只有作全面的分析、比较，才可选择一个最佳方案。在分析时，既要有静态分析也要有动态分析，既要有定性的分析也要有定量的分析，既要作宏观分析又要作微观分析。

3. 具有论证性

可行性研究报告的质量取决于论证是否严密。表达时的论证性是它的一个突出特点。要从经济、技术、财务预算、销售等方面进行综合论证，并就法律、政策、环保以及对整个社会的影响，作出科学的论证与评价。

（三）格式

1. 标题

可行性研究报告的标题有两种：

（1）事由+文种：

例如《关于兴建××纺织厂的可行性研究报告》。

（2）合作单位+项目名称+文种：

例如《××省××公司与美国××公司合作生产××的可行性研究报告》。

2. 正文

可行性研究报告一般写作内容为 12 项。但由于项目不同，有的只有七八项，有的有十四五项或更多。这里介绍兴办企业条项的通常写作顺序和大致内容。

（1）总说明。总说明又叫总论、基本情况，写作内容可分为以下几个方面：

①企业名称：写拟建企业的名称，如××制衣厂。

②企业地址：××市××街××号。

③承办单位：×××公司（如果是中外合办，还要写外方承办单位）。

④法定代表：×××(若是中外合办，还要写外方法定代表)。

⑤技术负责人：写明兴建企业技术负责人的姓名和职称。

⑥经济负责人：写明整个工程收支概算负责人的姓名和职称。

⑦可行性研究负责人：写明负责人的姓名和行政职务或技术职称。

⑧项目背景、有关文件和可行性研究概况：项目背景主要从国家宏观规划或地区、部门规划的角度，说明行业发展需要立项；有关文件主要是指明上级部门批准立项文件的名称、文号、日期、主要意见。概况主要写有关调查研究情况、班子人员构成和研究情况。

（2）承办企业情况。承办企业情况主要包括企业创办经过、生产的产品及规模、厂房设施及机电设备、职工人数及技术力量、经营管理及盈亏情况、所在地、注册资金、竞争能力。

（3）市场预测和生产规模。市场预测是分析国内外市场对项目产品供需的数量、市场竞争力等情况。生产规模，主要是指企业的用地面积、主体及附属工程的格局范围、每年的产量等。

（4）物料供应。物料供应主要写明所需的各种主要原材料的名称、数量、规格、供应渠道；所用的动力、燃料的数量及来源。

（5）技术和设备方案。技术方案，主要是写技术指标的选择，项目采用技术的先进程度，对提高产品的数量、质量、性能和经济效益的作用。设备方案，主要写对设备的选择，即设备的名称、型号、规格、性能、先进程度、费用等。

（6）项目设计方案。项目设计方案主要包括土木工程和产品生产方案。土木工程方案，主要写项目主体工程的设计和布局。产品生产方案，主要写设备的安装、工业流程、产品品种、数量、规格、性能、用途、先进程度等。

（7）“三废”治理与环境、安全保护。

（8）厂址选择。其内容主要包括厂址的地理位置、所在地的自然条件、社会经济条件、交通条件、征地费用等。

（9）企业组织、劳务定员和人员培训。

（10）项目实施计划。主要写明项目各阶段的实施内容、实施时间表。

（11）总投资的估算及资金的筹措。总投资估算固定资产投资、流动资金支出、投产前的费用支出；资金筹措，包括企业自有资金、借贷资金情况。

（12）经济分析。

①财务分析，主要写整个投资估算、产品销售收入估算、盈利额估算。

②社会效益分析，主要从生产技术水平提高、人才培养、创收外汇、上缴税收、扩大就业等方面说明对国民经济的意义。

最后，得出该项目是否可行的结论。

3. 附件

附上各种表格、图和文字材料，如各项投资估算表、企业地理位置图、上级部门的批复文件等。

技术改造和技术开发项目的可行性研究报告，不同于新建基本建设项目。基本建设项目是从无到有，而技术改造和技术开发项目一般偏重于从旧到新或在原有的基础上扩大生产能力。按国家有关文件规定，此类项目的可行性研究报告的写作内容主要有：

（1）项目概要说明。

（2）承办企业的基本情况与条件。

（3）产品规划。

（4）燃料、动力、原材料和有关协作配套条件的规划。

（5）技术与设备的选择。

（6）结论及推荐最佳技术改造方案的意见。

（7）生产组织和人员培训的意见。

（8）环境保护和污染防治的方案。

（9）项目实施计划。

（10）资金概算及来源。

（11）经济效益分析。

与新建项目可行性研究报告相比，除个别几项内容不同外，其余写作内容大致相同，在具体写作时要引起注意。

三、例文评析

【例文一】

水果连锁超市可行性研究报告

水果超市是分类商品便利店的一种形式，它的出现能够满足消费者对商品低价、便利、时尚、诚信、高品质的需求，能够与当前综合性超市和水果摊的形式形成竞争，并具备较多优势，可望形成主流消费模式。

本报告自零售行业特点入手，分析了近年来××市零售业态的发展历程，结合消费者对水果这种别具意义的消费品的购买习惯，并分析与竞争对手之间的优劣态势，来说明项目具体的可行性，并对选址、店内布置、人员配比等方面给出建议。

一、立项依据与目的

超市属于零售业中一种以实行自助服务和集中式一次性付款为特点的销售方式。超市的出现，便以其综合优势和合理性获得社会的普遍认可，成为一种风行全球的商业业态，被称为零售业的一场革命性变革。任何一个产业的发展，都离不开自身的正确定位——即恰当地确定其在消费者心中的位置、在市场的位置以及在产业空间的位置。

社区便利店，是近几年迅速发展起来的一种零售业态。它以连锁店形式开设在社区内，其营业面积不大，商品种类不多，规模相对较小，属于小型简易商店类，但是便利店自有其特点：

一是营业时间长（许多便利店都采用 24 小时全日制形式），填补超市和一般商店营业时间较短的空缺。

二是供应的商品都是常用的、高回转率的、易消耗的，这既面向最广大消费群体日常的小额消费，也是便利店大量进货、降低成本的关键。

三是满足了消费者就近购物、低价购物、诚信购物的消费需求。社区便利店将是继大型百货超市后，又一种新兴的零售业态，是零售业发展的趋势。

本报告将着重以分类商品便利店中的水果便利店为主要研究对象，试图分析和挖掘市场，掌握开设××市水果连锁超市的可行性方案。

二、研究内容与实施方案

1. 研究内容

（1）零售业市场趋向

零售行业的发展历程如下：（以××市为例）（略）

①传统集市……………………（早期业态）

②百货商场……………………（20 世纪七八十年代零售业态）
③仓储式超市…………………（20 世纪 90 年代零售业态）
④社区小型百货超市…………（20 世纪 90 年代零售业态）
⑤大型百货超市………………（新型零售业态）
⑥社区便利店…………………（当今最新零售业态）

（2）当前水果消费行为研究

水果，这种大众消费品已逐渐转变为生活必需品，是大众消费的一个重要组成部分。目前，大众消费群体的水果消费途径是由以下两种方式组成：一是集市水果摊；二是大型超市。

对一般消费群体而言，主要的水果消费途径是集市水果摊，他们往往选择时令水果作为主要消费对象，对非时令水果、进口水果等中高档水果的选购相对较少，他们也会在去大型百货超市集中采购的过程中选购水果。此类消费群体以中老年消费者居多，他们时间充裕，能够很有耐心地挑选水果品质、权衡价格希望能够得到最大的实惠。他们的消费特点是：要求便利、要求低价、对比选购性强。

对于中高档消费群体而言，水果消费的主要途径是来源于大型百货超市和社区便利店。这部分人群以中青年为主。他们每日忙碌于工作和交际，日常消费品的采购一般是在周末或节假日，在大型百货超市进行一站式购齐。而这部分消费者更看重水果的品质和种类。他们往往会对新鲜、新奇的水果种类显现出喜好和偏向。

两个消费群体的消费心理略有不同，但是都对水果销售商提出了要求。为了能够满足这两种消费群体的消费心理，也为了顺应市场需求，就需要有既便利、低价又时尚、提供高品质商品的零售形式出现，这就是本报告所要研究的“水果连锁超市”的销售形式，也是“水果连锁超市”的基本定位。

结论：水果连锁超市的市场定位是——低价、便利、时尚、诚信、高品质。

（3）竞争对手分析

我们已经作出了水果连锁超市的市场定位，那么就要对竞争对手有一个比较全面的了解。前面提到，当前消费者的水果消费主要来源于集市水果摊和大型百货超市。下面将从进货、销售方式、售价、储存等几个方面进行对比分析。

①进货（略）；
②销售方式（略）；
③售价（略）；
④储存（略）。

综上所述，在进货、销售方式、售价、储存等几个环节，我们不难看出：集市水果摊的优势在于，在居民区的出入路段进行销售，给消费者带来了便利，从而成为经久不衰的销售形式。而水果连锁超市几乎占到其他的全部优势，销售方式的灵活性、售价的透明化、储存设备的应用等方面都是超市这种新兴零售业态的独特魅力。

就此，我们能够看出水果连锁超市的进、销、存等环节是完全可以效仿大型超市的做法的。但是，进货环节方面，我们可以直接联系水果产地，这样不仅可以获得更大的利润空间，而且能够有更大的品种选择空间，无形中增加了与超市相竞争的优势。另外我们也应该效仿集市水果摊的优点，那就是把店面开到居民区旁边，开到消费者身边。

结论：水果连锁超市的优势如下。

①产地进货；

②在集中的居民区附近选址开店；

③统一店面形象、明码标价、销售方式丰富、变价机制灵活；

④作好货品的储存环节；

⑤营业面积在100~200平米之间为宜。

2. 实施方案

（1）商圈（略）；

（2）店铺选址（略）；

（3）店铺的装修与布置（略）；

（4）店铺的硬件与人员配置（略）。

三、结论

上述分析研究表明：水果连锁超市这一业态形式具备了与综合超市和水果摊竞争的实力与优势，有成为主流消费模式的可能。

（例文选自黄小京、赵李葳主编：《财经应用文书写作》，清华大学出版社2010年版，第220~226页；有改动）

评析：该文属于创业项目投资的可行性研究报告，作出细致的分析和研究方可实施。因此，应将研究报告写得内容翔实，分析透彻，点面结合。在“立项依据与目的”中，从水果连锁超市的特点、投资的必要性等方面分析了投资该项目的可行性，所罗列的内容翔实；在“实施方案”中，分析专业性强，涵盖面广，有较强的说服力；各项结论及文尾的总结论部分归纳总结，观点明确，要点突出，体现了撰写者明确的思路和看法。

【例文二】

建设××产品加工厂的可行性研究报告（提纲）

项目名称：……

编制单位：……

编制负责人：……

第一章　总　　论

（一）立项的背景情况

（二）根据和范围

第二章　需求预测和拟建规模

（一）现有生产能力

（二）市场对××产品的需求情况

（三）销售预测
（四）拟建规模产品方案
（五）工程建设及投产进度

第三章　资源与能源条件研究

（一）原材料及燃料供应
附表 1. 各种原料及燃料的需要量和成本
（二）能源供应（给排水、电力、热力、供气）
附表 2. 能源需要量及成本情况表

第四章　厂址选择

（一）厂区自然条件
工程地质、气温及相对湿度、风雨雪等
附表 3. 各厂址自然条件比较
附表 4. 各厂址投资费用比较
附表 5. 各厂址经营费用比较
（二）厂房构成及建筑面积
附表 6. 厂房设计方案

第五章　设计方案

（一）指导思想
（二）工艺流程及设备
（三）设备选择方案比较
1. 报价
附表 7. 外国及国内设备报价
2. 技术性能及指标
3. 生产能力
4. 劳动定员

第六章　环境保护与安全消防设施

（一）环境保护
1. 环境污染产生的环节及种类
2. 污染物治理工艺及排放形式
3. 环境执行标准
（二）安全措施

第七章　投资估算及经济效益评价

（一）基本数据
1. 工厂生产规模及年产量
2. 总投资（包括基本建设和流动资金）
附表 8. 基建投资估算表
附表 9. 资金来源
3. 产品成本

附表 10. 各年××产品成本计算表

4. 产品销售收入及销售利润

附表 11. 各年××产品销售收入计算表

附表 12. 各年××产品销售利润计算表

5. 其他经济指标

（二）经济评价

1. 经济评价的基本依据

2. 资金平衡及贷款偿还期的计算

附表 13. 贷款偿还期计算表

3. 企业投资利润率和投资收益率

4. 内部收益率计算

附表 14. 企业内部收益率计算表

5. 投资回收期

附表 15. 投资回收期计算表

6. 不确定性分析

(1) 固定成本和变动成本的测算

(2) 盈亏平衡点测算

附表 16. 盈亏平衡分析计算表

(3) 敏感性分析

附表 17. 敏感性分析表

第八章　研究结论

签名（盖章）

年　　月　　日

（例文选自张德实主编：《应用写作》（第二版），高等教育出版社 2008 年版，第 141~142 页）

评析：可行性研究报告是为申请立项所写的研究报告，一般比较长，这里列出一份典型的可行性研究报告的提纲，目的是使该类报告的结构一目了然，使读者了解应从哪些方面进行可行性论证。该提纲所列内容包括了可行性研究报告应该书写的内容的要点，格式规范，内容全面，要点突出，是一份值得参考的较为完备的可行性研究报告的提纲。

四、注意事项

可行性研究报告所涉及的内容广泛，专业性强，其结论在项目实施中有着极为重要的作用，在写作时必须特别注意以下几点：

（一）实事求是，讲究科学

可行性研究报告事关具体实施项目的兴废成败，确保内容的科学性是首要原则。因此，在项目实施之前，必须从研究的实际对象出发，在科学的思想和实事求是的原则指导下，通过深入细致的调查研究，认真分析，多方衡量，最终形成科学的结论。同时，还要明确项目的目的和范围，明确委托者和投资者的意图，摆脱个人见解的束缚，广泛征求意见，尊重客观事实，不回避实际问题，真正做到客观公正。

（二）论证充分，结论明确

可行性研究报告来源于客观实际，又关联着项目的具体实施，深刻的分析、充分的论证和明确的结论，是撰写可行性研究报告的重要前提。必须做到资料详实，事实准确，论据充分，观点鲜明，有说明力。

（三）语言准确，格式规范

可行性研究报告是针对具体项目的研究和论证，其写作质量的好坏直接影响到项目的命运。这就要求撰写可行性研究报告的单位和个人，除了具备一定的政策水平、较强的专业素养以及丰富的实践经验之外，还必须注重写作方法与技巧的运用，注意写作范文格式的规范化和语言表达的准确性，以确保研究报告的质量。

五、技能实训

（一）文种评析

假如你在某旅游公司工作，公司选择了某乡村开发农家乐生态旅游项目，主要以“住农家屋、吃农家饭、干农家活、享农家乐”为内容的民俗风情旅游；以收获各种农产品为主要内容的务农采摘旅游；以民间传统节庆活动为内容的乡村节庆旅游。为此需要向项目主管部门××市建设局呈交可行性研究报告。你认为应该从哪些方面论证这份《××农家乐生态旅游建设项目可行性研究报告》，并尝试列出提纲。

（二）写作实训

请同学根据自己所学专业方向，草拟一份相关的创业或工作项目的可行性研究报告，例如，《景观设计项目可行性研究报告》、《房产项目可行性研究报告》、《平价超市项目可行性研究报告》、《电子玩具项目可行性研究报告》、《软件开发项目可行性研究报告》、《旅行社设立可行性研究报告》、《路牌广告项目可行性研究报告》等。

（三）情景模拟

某校6名大学生刚从学校毕业，正踌躇满志，国家又出台了扶持毕业生自主创业的好政策，这6位同学组成一个创业团队，准备通过融资创办一家家教中介机构，假如作为该团队中的一员，请你为该项目写作一份简单的可行性研究报告。

任务三　策　划　书

一、情境导入

大学生张××毕业后打算开一家服装店，主要经营各种休闲服饰，面对这个中型城市的白领顾客。她的店大约有60平方米，开在商业区，周围已有多家服装店，竞争激烈。张××准备拿出2万元用于开业庆典，想把小店的知名度一炮打响，可是她觉得千头万绪，不知道从何着手。

张××需要设计一个别具特色、富有创意的开业庆典，并将策划构思、策划内容和实施步骤写成开业庆典营销策划书，精心安排促销、宣传等各项活动。

二、必备知识

（一）概念

策划就是一种策略、筹划、谋划或者计划、打算，它是企事业单位、社会团体、组织机构或者个人，在充分调查市场环境以及相关联的环境的基础之上，遵循一定的方法或者规则，对未来即将发生的事情进行系统、周密、科学的预测，制订科学的可行性的方案，并在发展中不断地调整以适应环境的变化的过程。策划书就是将此思维过程经过整理后形成的文本。

（二）特点

1. 逻辑性

策划的目的在于解决企业营销中出现的问题，应按照逻辑性思维的构思来编制策划书。首先是设定情况，交代策划背景，分析市场现状，再展示策划中心目的；其次对具体策划内容进行详细阐述；最后明确提出解决问题的对策。

2. 简洁性

要注意突出重点，抓住所要解决的核心问题，深入分析，提出可行性的相应对策，针对性强，具有实际操作指导意义。

3. 可行性

策划书主要用于指导某一活动的进行，其指导性涉及活动中的每个人的工作及各环节关系的处理，因此其可行性非常重要。不易于操作必然要耗费大量人、财、物，管理复杂、效率低下。

4. 创意性

要求策划的创意新、内容新、表现手法新，新颖的创意是策划书的核心内容。

（三）策划书写作的格式及内容

策划书没有固定的模式，一般情况下应和所要策划项目的主要内容保持一致。

策划书的基本写作结构包括：标题、正文、落款。

1. 标题

标题主要由单位名称、事由、文种组成。尽可能明确具体地将策划主题体现出来，让人一目了然。如“20××年8月××公司全体营销人员培训策划书”，置于页面中央。

2. 正文

（1）策划目的及策划内容的简要说明。把策划的目的、意义、要点用简洁明了的文字写出，在陈述目的要点时，应将策划的核心构想或者策划的独到之处及由此产生的意义明确写出。

（2）策划经过说明。简要交代策划的缘起及经过，如为何提出该策划主题，策划活动为何会进行，经过何种程序完成等。

（3）资源需要。列出所需人力资源、物力资源等。可以分为已有资源和需要资源两部分。

(4) 策划内容的详细说明。作为策划的正文部分，表现方式要简洁明了，使人容易理解，但表述要力求详尽，写出每一点能设想到的东西，没有遗漏。在此部分中，不仅仅局限于用文字表述，也可适当加入统计图表等；对策划的各工作项目，应按照时间的先后顺序排列，绘制实施时间表有助于方案核查。人员的组织配置、活动对象、相应权责及时间地点也应在这部分加以说明，执行的应变程序也应该在这部分加以考虑。

(5) 经费预算。各项费用在根据实际情况进行具体、周密的计算后，用清晰明了的形式列出。

(6) 应注意的问题及细节。内外环境的变化，不可避免地会给策划书的执行带来一些不确定性因素，因此，当环境变化时是否有应变措施，损失的概率是多少，造成的损失多大，应急措施等也应在策划书中加以说明。

3. 落款

落款包括策划者名称和成文日期。

应写明策划者所属部门、职务、姓名。若是小组策划，应写出小组的名称、负责人、成员姓名（包括所属部门、职务）。

成文日期是指策划书编制完成的日期（年、月、日）。

三、例文评析

【例文】

××牌取暖设备的创业策划

一、市场分析

长期以来，国内居民因生活水平较低，对以“厨房”和“卫生间”为主要服务对象的小家电消费很少。据统计，目前国内城镇家庭小家电的平均拥有量只有三四种，而欧美国家这一统计数字高达37种。据统计，每年国内有至少260万住户搬入新家，随着人们生活水平的提高，对“厨房”和“卫生间”的日益重视，小家电产品的加速普及与换代升级必将孵化出惊人的市场推动力，小家电的市场发展前景非常广阔。今后2~3年内，我国小家电行业将步入黄金发展阶段，市场需求量年增幅有可能突破30%。

对于浴室取暖用的小家电目前只有浴霸和暖风机两种。目前全国生产浴霸的企业为476家，2013年国内销量约为500万台，2014年约为650万台，2015年达到约800万台，销售额超过10亿元。在城市居民家庭中，浴霸拥有率不到15%（2016年），国内消费者对浴霸认同度达82%，市场空间巨大。

浴霸在浴室取暖设备中占有绝对优势。目前生产浴霸和暖风机的厂家大多集中在浙江、广东一带，但其中小厂居多，多为仿制或OEM，自主研发能力不强。

我国长江流域地区，大多住宅没有暖气，冬季洗澡取暖一直是个大问题。虽然有浴霸和暖风机，但人们更期待一种简便、有效的取暖器具。根据我的调查，人们对本产品的印象还是不错的，市场潜力巨大。比照浴霸和暖风机市场，本产品销售市场至少在5亿~10亿元。

我们完全可以借助专利技术优势，迅速占领浴室取暖设备市场，建立自己的品牌和销售网络。

二、我们的目标

我们的目标是，在2018年制出样品进入市场，发展地市级以上代理商10~15家，销售额在200万元以上，2007年达到500万元销售额，2020年达到2000万元销售额，利润率保持在30%~50%。

三、资金使用

由于本产品以前市场上从未有过，所以初期样品试制，模具开发等费用投入较大，估计在10万~15万元；

各种认证、许可证、商标：5万元；

公司组建、购买相关办公用品、人员招募、公司网站等：10万元；

房租水电费、人员工资（半年）：15万元；

参加展会、广告费：10万元；

小批量生产成本（5000件）：20万~25万元；

周转资金：20万元。

合计：100万元。

四、产品成本及盈利分析

为节省费用，降低投资风险，先期的小批量生产以委托外加工为主，暂不购买生产设备。

本产品成本经计算约为40元，批发价暂定为80元，每个毛利为40元，估计两年能收回投资并稍有盈利。

（以上数据是调查的零配件经销商，还有向下浮动的可能）

五、销售前景

目前市场上还没有同类产品，产品销售压力较小。建议利用各地电器批发商现成的销售网络，进行代理销售。目前已与多家商家联系过，初步达成销售意向。

六、合作方案

本专利项目是非职务发明，专利权为个人所有。具体合作方式由双方协商议定。

七、原材料供应方案

可外协生产，无特殊要求。

八、本项目的未来

由于本产品制造简便，门槛不高，难免被人仿造。除了加强打假力度之外，不断升级产品也是拓展市场的必要手段。目前，已开发了两款样品，准备在明年继续推出3~5款新品，随着产品的升级换代，我们必能牢牢站稳市场。

（例文选自 http://www.doc88.com/，发布者：heart4u；有改动）

四、注意事项

（1）制作策划书需要注重培养思维能力，如创新思维能力、逻辑思维能力、统筹规划能力等。

（2）制作策划书还要具备市场调研知识、基本的统计学知识以及必要的消费心理学知识等。

（3）策划书的写作格式没有一定之规，要根据不同的情况进行构思和写作。

五、技能实训

（一）文种评析

为了丰富大学生活，营造互助互爱、团结友好的寝室氛围，××大学校团委、学工处联合举办“校园寝室文化节”，通过丰富多彩的活动，展示同学们的特长和才艺，增进同学们之间的了解、深化友谊。请你以活动策划方的身份分析该活动策划书应包括哪些内容，并拟写一份校园寝室文化节活动策划书的提纲。

（二）写作实训

策划的基本程序一般包括七个步骤：界定问题；收集现成的资料；市场调查；把资料整理成情报；产生创意；拟定可行的方案；方案的实施与调整。

请大家依照此步骤，针对学校、社团、企业所开展的文化、竞赛、旅游等活动，或是所学专业的一些相关产品的营销，分小组进行模拟策划，自拟题目，最后拟写策划书。

（三）拓展训练

请大家从报纸或者网络上搜集有关创意策划的报道，阅读学习，并结合自己的生活实际，选择你所擅长的方面，来贡献几个你想到的好的活动创意。

（四）情景模拟

某地一个商场开业庆典，推出了一个策划项目：凡是手持百元人民币号码尾数为“88”的可当200元消费。结果顾客手持“中奖”人民币蜂拥而至，柜台被挤坏，还有人员受伤，主办商家只好提前宣布活动中止。这次活动招致顾客不满，还受到中国人民银行的警告，工商部门也上门来干预。

以上案例策划失败，哪些地方不妥当？假如让你来策划这家商场的开业庆典，说说你的策划思路。

任务四　合　　同

一、情境导入

在生活中，我们不可避免地会接触大量的合同，特别是在商业活动中，合同对于规范商业行为、防范法律风险具有重要意义。如果无视合同的作用，或者不重视对合同草拟、签订、履行过程中细节问题的把握就可能留下隐患，为日后带来不必要的麻烦。

2012 年 4 月 16 日，江西省宜春市某区人民法院审结了一起大学生在创业过程中产生的经济纠纷案件，判决被告吴某返还原告杨某代收学费 12000 多元。

原告杨某与被告吴某同为某学院大学生，2010 年 5 月 27 日，原告杨某与某居委会签订了一份店面出租协议，由原告杨某租赁位于甲学院学生街的一套房屋，租赁期间为 2010 年 8 月 5 日至 2013 年 8 月 15 日，年租金为 12000 元，原告杨某付了 12000 元租金给该居委会，尔后投资创办街舞培训中心，并委托其同学袁某（杨某男朋友）进行装修。该培训中心于 2010 年 9 月开始营业，原告聘请被告吴某任培训中心的教练兼收银员，聘请袁某等人为培训中心的教练。2011 年 3 月，袁某办理了工商营业执照，该营业执照的经营地点为甲学院学生街，袁某把营业执照挂在该舞房，尔后，被告吴某收取了 12000 多元学员学费，被告吴某以该争议舞房的经营者是袁某为由未将收取的学员学费交给原告。

法院审理过程中，被告吴某称该争议街舞培训中心系原告杨某与吴某、袁某合伙开办的，应先进行合伙结算。

法院经审理后认为，该争议街舞培训中心由原告杨某个人出资租赁房屋，出资进行装修，被告吴某未提供出资证明、合伙协议、分红等证据予以证实合伙关系，故被告以培训中心合伙为由进行抗辩，不予采信。侵占国家的、集体的或他人的财产，应当返还，被告吴某为原告雇请的员工，其代收的学员学费理应返还给原告。故法院作出上述判决。

原、被告同为大学同学，自力更生，外出创业，值得称赞，却因财生隙，反目成仇。事情虽然已经过去了，但仍值得我们反思。如果同学之间，在创业之初就以书面合同的形式明确彼此的权利和义务关系，不仅可以大大降低法律风险，而且也能够使创业合作具有更加坚实的基础。即便日后发生纠纷，也有合同的约定作为维护彼此权益的依据。①

二、必备知识

（一）概念

合同是平等主体的自然人、法人、其他组织之间设立、变更、终止民事权利义务关系的协议。

（二）基本原则

1. 平等原则

合同当事人的法律地位平等，一方不得将自己的意志强加给另一方。

2. 自愿原则

当事人依法享有自愿订立合同的权利，任何单位和个人不得非法干预。

3. 公平原则

当事人应当遵循公平原则确定各方的权利和义务。

---

① 参见徐双桂：《街舞培训惹纠纷　大学同学反目上法庭》，载中国法院网，http://www.chinacourt.org/article/detail/2012/04/id/478698.shtml。

4. 诚实信用原则

当事人行使权利、履行义务应当遵循诚实信用原则。

5. 合法原则

当事人订立、履行合同，应当遵守法律、行政法规，尊重社会公德，不得扰乱社会经济秩序，损害社会公共利益。

（三）格式

1. 标题

标题主要有三种写法：(1) 明确合同的性质，如《租赁合同》、《买卖合同》；(2) 由交易标的加文种构成，如《××小区物业服务合同》、《股权转让合同》等；(3) 由合同当事人、交易标的及文种构成，如《甲××与乙××房屋买卖合同》。

2. 约首

约首包括合同当事人的名称或者姓名和住所（有的把住所写在约尾）。在标题左下方注明当事人的全称，不得用简称。为了行文方便，可在其后注明双方约定的固定指代，如"甲方"、"乙方"，"买方"、"卖方"等。

3. 正文

(1) 引言。写明订立合同的依据和目的，如："甲、乙双方依据《中华人民共和国合同法》等法律，在平等互利的基础上，经协商一致，就××买卖达成如下协议"。

(2) 主体。除当事人的名称或者姓名，在前面已注明外，根据《中华人民共和国合同法》第12条的规定，合同一般还应包括以下条款：

①标的。合同权利义务指向的对象。在不同的合同中，标的的类型是不同的，如买卖合同中的物、劳务合同中的行为。标的条款是合同的基本条款，在合同的标的条款中必须清楚地写明标的物或服务的具体名称，以使标的特定化。

②数量和质量。标的的质量和数量是确定合同标的的具体条件。标的的数量要确切，当事人应约定明确的计量单位、计量方法以及规定合理的磅差、尾差等。标的的质量应约定得详细具体，如技术指标、质量要求、规格、型号等都要明确。

③价款或者报酬。价款一般针对标的物而言，如买卖合同中的标的物应规定价格。报酬主要针对服务而言，如在提供服务的合同中，一方提供服务，另一方应支付相应的酬金。价格和报酬条款应明确标的的总价、单价货币种类及计算标准。除此之外，为履行合同而产生的相关费用，如保险费、运费、保管费等也应予以明确。

④履行期限、地点和方式。履行期限是有关当事人实际履行合同的时间规定。履行期限涉及当事人的期限利益，也是确定违约与否的因素之一。期限的填写用公元纪年，年、月、日书写齐全，必要时可以进一步细化。履行地点是指当事人依据合同规定履行其义务的场所。它是确定验收地点的依据，是确定运费负担、风险承担的依据，还是确定诉讼管辖的依据之一，因此应写明。履行方式是指当事人履行合同义务的具体方法。例如标的交付是一次交付，还是分期交付，交付实物，还是交付所有权凭证，是铁路运输，还是水运等，事关当事人权益，也应明确。

⑤违约责任。违约责任是违反有效的合同义务而承担的责任。违约责任对于促使当事人履行义务，并为守约方提供补救具有重要意义，合同对此应予以明确。当事人应当

在合同中尽可能地就违约责任作出具体规定，可事先约定违约金的数额、幅度，约定损害赔偿额的计算方法、赔偿范围等。

⑥解决争议的方法。解决争议的方法，是指一旦发生合同纠纷，应当通过何种方式来解决纠纷。具体来说，当事人可以在合同中约定一旦发生争议后，是采取诉讼还是仲裁的方式，如何选择管辖法院，如何选择适用法律等。

（3）尾语。写明订立合同的有关说明事项，如合同的份数、合同的附件等。

4. 约尾

约尾一般包括单位的全称、法定代表人或授权委托人的签名盖章、有效联系方式、签约的地点和时间以及开户银行和账号等。签约方为自然人的还应注明身份证号码。

三、例文评析

【例文一】

电脑维修服务合同

托修方（甲方）：某某学校

承修方（乙方）：某某电脑维修服务有限公司

根据《中华人民共和国合同法》及有关法律、法规的规定，双方在平等、自愿、协商一致的基础上签订本合同。

一、维修内容、交付期限

品牌：______ 型号：××主机序列号：______ 附件：______

故障现象：操作系统无法正常工作

外观情况：良好

其　　他：无

维修内容（初断）：重新安装系统软件

维修标准及要求：______

维修期限：签约后7个工作日内

二、维修费用

维修费用（预计）××元，包括人工费、电脑软件、配件等全部费用，维修费用应以修理项目清单为准。

乙方总维修费用超出××元后，须征求甲方书面同意决定是否继续维修。

三、支付方式

双方约定采用下列方式付款：

☑即时结清维修款：合同执行完毕，以☑现金 □信用卡 支付。

□分期支付维修款：合同订立时，预付维修款人民币______元，以□现金 □信用卡 支付；余款______元，以□现金 □信用卡 支付。

四、验收

验收标准：对修复电脑进行试机，确认原故障修复或排除。

其他验收约定：________________________。

五、特别约定

1. 乙方维修费标准应予公示。

2. 乙方在维修过程中，不得复制或泄露甲方硬盘中的信息。

3. 维修过程中换下的零件的所有权应归甲方。

4. 维修服务前，甲方应对报修电脑内数据进行备份，乙方应将维修过程中可能造成的数据损坏或灭失的风险告知甲方。

5. 乙方对修复机器硬件的相同故障保修30天。

六、违约责任

1. 甲方逾期支付维修费用，或乙方逾期修复，每日应当按照维修费用的1%向对方支付违约金。

2. 乙方维修后的电脑质量不符合合同约定，应承担________责任。

3. 乙方在维修过程中对甲方电脑造成毁损的，应承担赔偿责任。

4. 乙方擅自复制或泄露甲方硬盘中的信息，给甲方造成损失的，应当予以赔偿。

5. 其他违约责任________________________。

七、其他约定

____

____。

八、争议解决方式

双方发生争议的，可协商解决，或向有关部门申请调解；也可提请××仲裁委员会仲裁（不愿意仲裁的，请双方在签署合同时将此仲裁条款划去）。

九、合同生效

本合同自双方签字或盖章之日起生效，一式二份，双方各执一份。

托修方（甲方）：某某学校　　承 修 方：（乙方）某某电脑维修服务有限公司

负　责　人：

姓　　名：李某某　　委托代理人：王某某

联系地址：　　联系地址：

联系电话：　　联系电话：

邮　　编：　　邮　　编：

签订日期：2016年8月15日

（例文选自 http：//www.sgs.gov.cn）

评析：这份电脑维修服务合同语言简洁，格式规范。约首注明了合同当事人名称。第一条至第九条分别就维修内容、交付期限、维修费用、支付方式、违约责任、争议解决方式等内容进行了规定，囊括了合同的基本条款。同时，对电脑维修服务过程中可能出现的一些问题进行了特别约定。

【例文二】

××市场场地租赁合同

出租人（甲方）：北京市××商贸有限公司

承租人（乙方）：李某某

根据《中华人民共和国合同法》、《北京市生活消费品、生产资料市场管理条例》等有关法律、法规的规定，双方就租赁场地从事经营的有关事宜经协商达成协议如下：

第一条　租赁场地

乙方承租甲方第一（层/厅）106号场地，面积100平方米，用途以乙方营业执照核准的经营范围为准；库房面积80平方米，库房位置为（略）。

第二条　租赁期限

自2015年1月1日起至2017年1月1日止，共计24个月；其中免租期为自2015年1月1日起至2015年3月1日。

第三条　租金

本合同租金实行（一年√/半年/季/月）支付制，租金标准为每年××元人民币整；租金支付方式为（现金√/支票/汇票/________）；第一次租金的支付时间为2015年3月15日，第二次租金的支付时间为2016年3月15日至2016年3月20日。

第四条　保证金

保证金收取由双方另行协商约定，双方所签订的《北京市市场场地租赁保证金合同》作为本合同附件，附件与本合同具有同等的法律效力。

第五条　保险

1. 甲方负责投保的范围为：公共责任险、火灾险、（略）。
2. 乙方自行投保的范围为：（略）。

第六条　甲方权利义务

1. 依法制定有关治安、消防、卫生、用电、营业时间等内容的各项规章制度并负责监督实施。
2. 协助各级行政管理机关对违反有关规定的乙方进行监督、教育、整顿。
3. 应按约定为乙方提供场地及相关配套设施和经营条件，保障乙方正常经营。
4. 除有明确约定外，不得干涉乙方正常的经营活动。
5. 应对市场进行商业管理，维护并改善市场的整体形象，包括：对商品品种的规划和控制、功能区域的划分、商品档次的定位、商品经营的管理及质量管理；服务质量管理；营销管理；形象设计；市场调研；公共关系协调；纠纷调解；人员培训；________。
6. 应对市场进行物业管理，并负责市场内的安全防范和经营设施的建设及维护，包括：建筑物（包括公共区域及租赁场地）的管理及维修保养；对乙方装修的审查和监督；水、电、气、空调、电梯、扶梯等设备、管道、线路、设施及系统的管理、维修及保养；清洁管理；保安管理并负责市场的公共安全；消防管理；内外各种通道、道路、停车场的管理；________。

7. 做好市场的整体广告宣传，并保证每年广告宣传费用不低于市场当年租金总额的3%。

8. __________。

第七条　乙方权利义务

1. 有权监督甲方履行合同约定的各项义务。

2. 应具备合法的经营资格，并按照工商行政管理部门核准的经营范围依法经营。

3. 应自觉遵守甲方依法制定的各项规章制度及索票索证制度，服从甲方的监督管理。

4. 应按期支付租金并承担因经营产生的各项税费。

5. 应爱护并合理使用市场内的各项设施，如需改动应先征得甲方同意，造成损坏的还应承担修复或赔偿责任。

6. 应按照约定的用途，本着公平合理、诚实信用的原则依法经营，不得损害国家利益及其他经营者和消费者的合法权益，并承担因违法经营造成的一切后果。

7. 将场地转让给第三人或和其他租户交换场地的，应先征得甲方的书面同意，按规定办理相关手续，并不得出租、转让、转借营业执照。

8. 应按照甲方的要求提供有关本人或本企业的备案资料。

9. 建筑物外立面及建筑物内部非乙方承租场地范围内的广告发布权归甲方所有，未经甲方同意，乙方不得以任何形式在上述范围内进行广告宣传。

10. __________。

第八条　合同的解除

乙方有下列情形之一的，甲方有权解除合同，乙方应按照当年租金额10%的标准支付违约金：

1. 在租赁期限内因违法经营被有关行政管理部门吊销、收回经营证照的。

2. 未按照约定的用途使用场地，经甲方两次书面通知未改正的。

3. 利用场地加工、销售假冒伪劣商品的。

4. 进行其他违法活动累计达三次或被新闻媒体曝光造成恶劣影响的。

5. 将场地擅自转租、转让、转借给第三人，或者和其他租户交换场地的。

6. 逾期15日未支付租金或水、电等费用的。

7. 违反保证金协议的有关约定的。

8. 未经甲方同意连续15日未开展经营活动的。

9. 违反甲方依法制定的规章制度情节严重或拒不服从甲方管理的。

10. ________。

甲方或乙方因自身原因需提前解除合同的，应提前30日书面通知对方，经协商一致后办理解除租赁手续，并按照当年租金额10%的标准向对方支付违约金。因甲方自身原因提前解除合同的，除按约定支付违约金外，还应减收相应的租金，并退还保证金及利息。

第九条　其他违约责任

1. 甲方未按约定提供场地或用水、用电等市场内的经营设施或条件致使乙方不能正常经营的，应减收相应租金，乙方有权要求甲方继续履行合同或解除合同，并要求甲方赔偿相应的损失。

2. 甲方未按约定投保致使乙方相应的损失无法得到赔偿的，甲方应承担赔偿责任。

3. 乙方未按照约定支付租金或水电等费用的，应每日向甲方支付迟延租金或者费用的5%作为违约金。

4. ________。

第十条　免责条款

因不可抗力或其他不可归责于双方的原因，使场地不适于使用或租用时，甲方应减收相应的租金。如果场地无法复原的，本合同自动解除，应退还乙方保证金及利息，双方互不承担违约责任。

第十一条　续租

本合同续租适用以下第2种方式：

1. 乙方有意在租赁期满后续租的，应提前30日书面通知甲方，甲方应在租赁期满前对是否同意续租进行书面答复。甲方同意续租的，双方应重新签订租赁合同。租赁期满前甲方未作出书面答复的，视为甲方同意续租，租期为不定期，租金标准同本合同。

2. 租赁期满乙方如无违约行为的，则享有在同等条件下对场地的优先租赁权，如乙方无意续租的，应在租赁期满前30日内书面通知甲方；乙方有违约行为的，是否续租由甲方决定。

第十二条　租赁场地的交还

租赁期满未能续约或合同因解除等原因提前终止的，乙方应于租赁期满或合同终止后15日内将租赁的场地及甲方提供的配套设施以良好、适租的状态交还甲方。乙方拒不交还的，甲方有权采取必要措施予以收回，由此造成的损失由乙方承担。

第十三条　争议解决方式

本合同项下发生的争议，由双方协商解决或申请有关部门调解解决，协商或调解解决不成的，按下列第1种方式解决（只能选择一种）：

1. 提交北京仲裁委员会仲裁；

2. 依法向________人民法院起诉。

第十四条　其他约定事项

1. 在租赁期限内场地所有权发生变动的，乙方依照本合同享有的承租权利不受影响。

2. ____________。

第十五条　本合同自双方签字盖章之日起生效。本合同一式四份，甲方二份，乙方二份。

第十六条　双方对合同内容的变更或补充应采用书面形式，并由双方签字盖章作为合同附件，附件与本合同具有同等的法律效力。

甲方单方制定的规章制度也作为本合同的附件，规章制度的内容与合同约定相冲突的，以本合同为准，但国家法律、政策另有规定的除外。

出租人（盖章）：______________	承租人（盖章）：__________
住所：北京市大兴区×××××	住所：北京市大兴区×××××
营业执照号码：×××××	营业执照号码：×××××
市场登记证号码：×××××	身份证号码：×××××
法定代表人（签字）：肖某	法定代表人（签字）：李某某
委托代理人（签字）：张某某	委托代理人（签字）：王某某
电话：010—×××××××××	电话：010—×××××××××
签订日期：2015年1月1日	签订日期：2015年1月1日
签订地点：北京市大兴区	签订地点：北京市大兴区

（例文选自：http：//www.hd315.gov.cn/）

评析：这份场地租赁合同共十六条，包括租赁场地、租期、租金、保证金、保险、甲乙双方权利义务、违约责任、免责条款、续租、场地交还等内容，体例规范，结构严谨，语言明晰，且具有很强的针对性，充分考虑到了场地租赁过程中的各种细节问题，有助于减少场地租赁过程中存在的法律风险，值得学习和借鉴。

四、注意事项

1. 主体适格、内容合法

主体适格、内容合法是拟订合同当中一个首要的问题。《合同法》第9条规定，当事人订立合同，应当具有相应的民事权利能力和民事行为能力。为确保合同有效性，签约前首先应考虑当事人是否具备相应的资格。《合同法》第7条规定，当事人订立、履行合同，应当遵守法律、行政法规。合同虽然是当事人自愿订立，但并不意味着合同可以违背现行法律、法规的强制性规定。

2. 合同条款应完备

《合同法》第12条列出了合同一般应当具备的基本条款。原则上，判断合同条款是否完备主要考虑两个方面：一是合同应当具备的基本条款是否具备；二是根据交易目的应当具备的条款是否具备。虽然《合同法》第12条规定的诸如价款、报酬、违约责任等条款的缺失并不必然导致合同无效，但充分利用这些条款对于减少合同履行中的分歧、维护各方权益具有重要意义。

3. 明确各方当事人权利义务

权利义务不明确是合同中隐藏的风险，严重影响交易的安全性。要使权利义务明确需要提高语言表达的精确度，加强条款间的配合，并使权利义务的表述、违约的范畴、违约的制裁、归责方式等明确且配置合理。

4. 突出条款的针对性、实用性

合同种类繁多，不同合同各具特点，条款内容必须具有针对性、实用性。条款针对性、实用性强的合同，不仅具备交易所必需的基本条款，还包括结合合同目的、合同性质、合同标的等因素订立的针对性条款，这些条款是合同基本条款的细化和延伸。

5. 优化合同结构体系

合同并不是条款的简单堆砌，许多合同之所以显得混乱就是由于结构体系混乱，条款之间缺乏逻辑秩序。确保结构体系优化，一个简单方法就是依据《合同法》第 12 条规定的基本条款，以此作为框架加以充实和细化。

五、技能实训

（一）文种评析

1. 甲方是某市重要的金融机构，具有组建金融数据中心机房并托管的需求，乙方系通信运营商，有着丰富的数据中心机房托管以及建设维护的经验。双方就乙方为甲方数据中心提供建设及 VIP 机房托管服务达成协议。该 VIP 机房托管服务合同第 1 条“合同标的物”的条款内容为：

> 甲方按照本合同向乙方租用××六楼 VIP 机房托管服务。机房设计面积为 350 平方米，其中 VIP 机房托管面积为 300 平方米，租金为 8500 元/平方米/年，VIP 机房托管年租金为 255 万元/年；机房其余部分为监控室，按办公场所性质租用，租金为每天 5 元/平方米。若甲方根据需要未来将监控室更改为机房，租金按照机房价格进行计算。

为了让条款条理清晰，请修改该条款。

2. 下面是某珠宝销售企业的订购合同，该合同用于订购非现货的饰品。请分析这份合同存在的问题。

购销合同

甲方（供方）：

乙方（需方）：

经甲乙双方友好协商，发生如下购销业务：

1. 乙方向甲方订购商品，具体要求如下：

饰品名称	单位	数量	重量要求 范围（每件）	价格要求 范围（每件）	备注说明
	件		约	约	
	件		约	约	
	件		约	约	

(1) 具体图案详见附件。附件经甲乙双方签字确认后具有同样的法律效力。

(2) 重量要求范围和价格要求范围，乙方应尽量满足条件。

2. 销售单价为________元/克，如订购的饰品属于珠宝类、18k 金、银器、钻石类等则采用按件分别核算价格。

3. 乙方应在签字之日，向甲方支付定金（大写）______元。同时，甲方应在______年______月______日前通知乙方到指定商店（地址：__________）提货。

4. 货到验收合格后，按实际重量和合同约定的单价进行结算，如属于珠宝类、18k 金、银器、钻石类等饰品则采用每件价格之和进行结算。同时，另加收起版费________元/件，乙方须另支付余款。

5. 如乙方在收到提货通知 3 天内未提货，应视乙方违约，本合同自动终止，同时已收定金将作为违约金不予退还。

6. 本合同未尽事宜由甲乙双方协商解决。

7. 本合同自签字之日起生效。

甲方：　　　　　　　　　　乙方：
代表：　　　　　　　　　　代表：
日期：　　　　　　　　　　日期：
（盖章）　　　　　　　　　（盖章）

（二）写作实训

假如你现在正在创业，所开设公司需要购进一批产品，产品类别不限，请结合自己所学的专业或自身的实际情况草拟一份买卖合同。

（三）拓展训练

下面表述存在一些不规范、不严谨的地方，请找出这些地方并加以修改。

1. 王某借张某人民币 14000 元，今还欠款 4000 元。

2. ……提供三套产品的技术标准。

3. 乙方不能按期交货，每延期一天，应偿付甲方 5%的违约金。

4. 旅行社须承担违约责任的情况：(1) 擅自减少旅游景点；(2) 擅自增加购物地点和自费娱乐项目；(3) 擅自改变住宿饭店；(4) 导游在旅游期间擅自离队。

（四）情景模拟

教师设置一个场景，例如某同学要租一套房子居住或作为办公用房。由两名同学（随机选择或主动报名）作为承租人、两名学生作为出租人，模拟双方洽谈、拟订合同及签约的场景。模拟结束后，请参与者和观看者谈谈在租房洽谈和租赁合同签订整个过程中应注意的问题，最后由教师点评。

任务五　规 章 制 度

一、情境导入

“不以规矩，不能成方圆。”规范和制度是组织正常运营的最基本保证。单位的每一个部门，都会依据本部门的职能制定相应的规章制度，以保证本部门工作顺利而高效地进行。

小张在一家贸易公司的人力资源部工作，为了避免公司员工发生早退、迟到、旷工等违纪行为，严肃劳动纪律，公司让他起草一份员工考勤管理制度方面的文件，小张该如何写作呢？

二、必备知识

（一）概念

规章制度是国家机关、社会团体、企事业单位，为了维护正常的工作、劳动、学习、生活的秩序，保证各项工作的正常开展，依照法律、法令、政策而制定的具有指导性与约束力的应用文。

规章制度的使用范围非常广泛。规章制度对于社会经济、科学技术、文化教育事业的发展，对社会公共秩序的维护，都有着十分重要的作用。

（二）特点

1. 规范性与约束力

规范性是规章制度的首要特点。规章制度明确规定了应该做什么，不应该做什么，一经制定并公布施行，就起到规范人们行为的作用。有一些规章制度还具有行政约束力。如果任意为之，违反有关条款，就要受到相应的处罚。

2. 严肃性与稳定性

制定规章制度应严肃对待，不能草率从事。制定前应认真进行调查研究，广泛听取各方意见，要符合本地区、本系统、本单位的实际，实事求是，切实可行。规章制度既然是人们的行为准则，就不宜经常变动和修改，应具有一定的稳定性。但并不是说规章制度是一成不变的，在条件成熟的时候或者环境发生了变化，应及时修改并加以完善。

3. 明确性和具体性

规章制度主要回答“怎么办”或者“应该如何”、“不得怎样”之类的问题，为了便于执行和检查对照，规章制度条款的拟定必须明确具体。一般，一条集中写一个意思，措辞准确、严谨、周密、完善，避免含糊、疏漏、歧义或前后矛盾，以防发生误解、疑惑或对同一条文有多种不同理解。

（三）种类

规章制度是一个总称，它的种类比较多。日常所见的各种制度、公约、章程、条例、规定、守则、须知等均属于规章制度。

下面主要介绍常见的几种规章制度。

1. 制度

制度是机关、团体和企事业单位为加强对某项工作的管理而制定的要求所属有关人员共同遵守的行为准则，如《××厂用电管理制度》。

2. 守则

守则是系统、行业、单位为有关人员制定的自觉遵守的道德规范和行为准则，如《高校学生守则》、《汽车驾驶员守则》等。

3. 公约

公约是一定范围或行业的社会成员在自觉自愿的基础上，经过充分酝酿制定的、共同遵守的道德规范和行为准则。如《××班卫生公约》、《居民文明公约》。

4. 章程

章程按其内容与作用而言，可以分为两种：一种是组织章程，是党派、社会团体用以说明该组织的宗旨、性质、组织原则、机构设置、职责范围等的纲领性文件；另一种是工作章程，为开展某项工作制定的必须遵守的办事准则。

（四）格式

规章制度通常由标题、正文和落款三部分组成。

1. 标题

规章制度种类不同，标题的写法也不完全一样，有的由机关、团体或各类组织的名称以及文种名称两部分组成，如《中国书法家协会章程》、《上海××工贸公司章程》；也有的是以制定单位名称、内容范围、文种名称三部分组成，如《中国银行外币存款章程》、《××百货商场服务公约》、《××学院关于鼓励青年教师积极参加社会实践的规定》。如果规章制度在内容上还不够成熟，可以在标题内写明“暂行”、“试行”等字样，如《高等学校学生行为准则（试行）》。

2. 正文

正文要写清楚规章制度的具体内容，一般包括开头、主体、结尾三个部分。

（1）开头部分写明制定该规章制度的依据、目的、适用范围、指导思想和要求等。也有的规章制度，如一些组织的章程，一开头则说明该组织的性质、宗旨。开头所写内容可以视具体情况而定，写法也可以灵活掌握。可以设“总则”的形式作为第一章，下面再写条款；可以写成一两个条款放在开头；也可以在条文之前加一个前言等。有些内容简单的规章制度开头往往省去这部分内容。

（2）主体部分写明规章制度的实质性内容，具体规定大家必须共同遵守或执行的事项。在“总则”之下各章称之为“分则”，每章下分若干条，每一条写一个具体问题，条的序数不分章单排，而是从整个规章制度的开头排起，连续排到文件的结尾。如果内容多，为叙述方便，每条下可再分若干款，但一般不写“第×款”，只用序码标明。

（3）结尾部分又称为“附则”。这一部分是对文件主体的补充和说明。一般要写明违反规章制度的处罚办法与规则、生效日期、执行权、解释权以及其他未尽事宜的解决办法。适用对象和生效日期也可写在附则内。

内容比较复杂的规章制度比较适宜于采用分章式结构，即全文分成若干章，各章下又分若干条，有的条下还设款的形式。有一些内容比较简单的规章制度，可采用分条式写法，即只分条目不分章节，如学生守则、阅览须知等，其结构形式较为简单，一般只写一个标题，在开头说明缘由、目的、要求等，然后分条列出规章制度的具体内容。

3. 落款

写明制定者的名称和实行日期，一般写在正文结尾后面。已在标题中写明单位名称的，这里就不必重复。实行日期也可写在标题下面。有的规章制度从公布起需要长期实行的可以不写日期。凡要写日期的，就应具体写明年、月、日。

三、例文评析

【例文一】

××股份有限公司发行股票章程

第一章　总　　则

第一条　××股份有限公司（以下简称“公司”）是以公有制为主体的社会主义股份制企业，是依法注册登记、独立核算，具有法人资格的经济实体。经中国人民银行××分行批准发行股票，为维护投资者的合法权益，特制定本章程。

第二条　公司由国家股、单位股、个人股组成。

国家股是指全民所有制企业的国家资产折成的股份。

单位股是指集体所有制企业的资金折成的股份以及其他企事业单位认购的股份。

个人股是指个人资金认购的股份。

第三条　公司股票是发给入股者的股份所有权凭证。股票持有者享有按股领取红利等公司章程规定的股东权利，并在股票金额范围内承担公司经营亏损或破产的有限经济责任。

股票可以转让、抵押和继承，股票遗失可以申请挂失。

第四条　公司发行的股票名称为：上海××股份有限公司股票。

公司发行的股票为不定期限的记名式股票，并以人民币计值，每股股值为人民币 100 元，股份总额为 25 万股，合计人民币 2500 万元。

第二章　发　　行

第五条　公司向社会公开发行股票6.09万股，计金额609万元。其中单位股3.59万股，计金额359万元，主要向横向联合中投资方发行。个人股2.5万股，计金额250万元，主要向本公司职工发行。个人购买股票至多20股。

第六条　公司发行股票委托金融机构代理发行。

第七条　公司按季向中国人民银行××分行金融行政管理处报送财务报表，并向股票持有者公开公司经营情况。

第八条　公司股票按19××年×月×日××人民政府发布的《××股票管理暂行办法》中规定的范围发行。

第三章　转　　让

第九条　公司股票可以转让买卖，但必须通过经中国人民银行上海市分行批准经营股票交易业务的金融机构办理。单位股股票只限于单位之间转让。

第十条　股票转让买卖以现货为限。

股票交易价格可由交易双方自行商定。委托金融机构进行交易的，股票价格可由委托方自行决定。

第十一条　公司按季向社会公开经注册会计师查核鉴证的财务报表。

第四章　分　　配

第十二条　公司在依法向国家缴纳税金后的利润中先提取一定比例的盈余公积金、公益金，剩余部分列为按股分红基金，用于当年分红。当按股分红基金过大时，则适当留存作分红后备基金，用于以丰补歉。

第十三条　公司股票只计红利，不计股息。红利率由董事会决定。

第十四条　公司发放红利于每年年终决算后进行。股票发行的第一年，自发行日至年终决算日不满1年的，红利并入下一年度发放。公司发放红利时，对个人股按国家规定扣缴20%的个人收入调节税。

第十五条　公司在发放红利日前登报公告。

第十六条　公司如发生经营亏损，且未建立红利后备基金，当年不发红利。以后也不再补付，投资人对亏损共负有限经济责任。

第五章　附　　则

第十七条　本章程由××股份有限公司董事会负责解释。

第十八条　本章程自中国人民银行××分行批准之日施行。

（例文选自 http://wenku.baidu.com/view/a0c1451bfad6195f312ba63b.html，发布者：yijiezhiyue）

评析：这是一份企业业务章程，采用了分章式结构，全文采用了“三则”模式。总则说明公司性质、制定本章程的目的、公司的组成成分、股票持有者的权利及股名、股值等。分则规定了股票的发行、转让、分配等方面的具体内容。附则规定了章程的解释权和施行日期。该章程构思周密、条款完整、语言简洁明晰。

【例文二】

门卫管理制度

一、门卫是本厂精神文明的窗口。门卫工作人员在值班时间务必衣饰整洁，对来访者以礼相待，态度和蔼。

二、门卫工作人员必须坚守工作岗位，做好安全保卫工作。

三、传达室内除正常工作人员及外来联系工作人员以外，任何人不准在室内谈天闲坐。外来联系工作人员必须出示介绍信，并进行来访登记，然后方可进厂。

四、上班时间谢绝会客。凡私人电话，除急事外一般不传呼。集体参观必须持有上级主管部门的介绍信，并事先与本厂有关部门联系同意后才能参观。个别参观、照相一律谢绝。

五、凡本厂职工上班，一律不准带小孩，不准带零食，不准穿拖鞋。进厂时必须衣冠端正，佩戴厂徽（佩在左胸上方），未佩戴者登记上报。外包工、临时工、外来学习培训人员应出示临时工作证。

六、凡本厂职工迟到者必须登记；在上班时间因公外出者，应持有出厂证；凡批准病假、事假、调休等人员应持有准假证。所有持证人员必须在门卫登记后才能出厂。无证出厂者，门卫有权登记并及时上报人保科。

七、凡厂内的原辅材料、生产设备、工具零件、成品、半成品等一切物资，一律凭成品物资出厂单或实物现金发票出厂联出厂，凡私人拎包等物出厂要主动向门卫打招呼。对不符合手续出厂的物品，门卫有权询问、检查或扣留。

八、各种车辆按指定地点停放，未经批准不准进入厂内。

××市××化工厂

××××年×月×日

（例文选自曾昭乐编著：《现代实用写作》，中山大学出版社 2011 年版，第 137 页；有改动）

评析：这篇《门卫管理制度》采用的是分条式的结构形式，全文共八条，明确了对人员、物品、车辆的管理。条款虽然不多，但写明了具体标准和措施，条理清晰，规定明确，便于执行。

四、注意事项

（1）规章制度是对有关人员具有约束力的文件，因此制定规章制度必须以党和国家的方针、政策为依据，以严肃审慎的态度进行拟制。

（2）规章制度是要有关人员共同遵守的，照章办事的，因此，文字表述要求简练、明确、严密，概念准确，语气肯定，遣词造句合乎规范。忌用语义含混、笼统、易产生歧义的词语。

（3）规章制度还必须结合本单位或本部门的实际情况，要有针对性、可行性。

(4) 内容要全面系统，考虑周到，不能遗漏掉某方面内容。对内容的简述要分章分节交代清楚，条款分明，不能模棱两可，更不能前后矛盾。让读者明确“应该如何”和“不应该如何”。

(5) 规章制度订立以后要定期检查，发现有不合适或不完善的地方，及时修改补充。

五、技能实训

(一) 写作实训

请为本人所在班级或宿舍起草一份文明公约。

(二) 拓展训练

某公司为员工设立了图书阅览室，请根据下面的材料，拟一份分条式《图书室管理制度》。

图书室的图书范围包括专业技能、企业行政管理、市场营销、人力资源、安全管理、修养礼仪、生活休闲图书、期刊、光盘等各类资料。图书室只供本公司内部员工使用，不对外开放。

图书室阅读时间为每天的08:00—17:30（常年开放供阅读）；借书时间为每周一、三、五、七上午10:30—11:00，下午3:00—3:30，其他时间概不受理。每人每次借阅图书不可超过三本，借阅期限15天（逢休息或假日顺延至下一上班日）。到期应归还，未读完需续借者，务必办理续借手续，但以续借一次为限。若逾期未归还暂停其借阅资格一月（从书本还清日开始计算）。借书应先查阅图书目录卡片，填写《借阅单》后向管理员取书，管理员将图书交予借书人后，将《借阅单》妥为保管。员工还书时应将所借图书交予管理员验收，管理员将《借阅单》归还借书人作废，并将图书放回书架内。借阅之资料若遗失或严重损毁时，借阅者得依下列方式于一周内办妥赔偿手续：读者要爱护图书，妥善保管，不得遗失、撕毁、污损涂写等，违者照章赔偿。以购回相同书籍赔偿，若因套书无法单本购买，则购买同等价钱之书籍赔偿。外界赠送之书刊、绝版书等专案签办。损坏轻微，可以修护复原者，其修护费由借阅者负担。员工所借图书，如遇清点或公务上需参考时，应随时通知收回，借书人不得拒绝。

由办公室负责图书室的日常管理，并负责图书的购买、整理、盘点等。每周二、四、六进行盘点。新购图书除按顺序编号外，应将书名、出版社名称、作者、册数、出版日期、购买日期、金额及其他有关资料详细登记于《图书室登记总簿》。

在图书室阅览时应保持室内安静，严禁喧哗、嬉闹、起哄，走路脚步要轻。讲究文明礼貌，衣着要整齐，禁止穿拖鞋、背心进馆，违者谢绝入内。保持馆内清洁卫生，不得随地吐痰，扔纸屑、果皮及其他杂物；室内不准吸烟、吃零食。爱护公物，不得污损墙壁，严禁在桌、椅、书架等用具上乱刻、乱写、乱画，违者按情节轻重给予批评教育或经济处罚。不得携带书包、提袋、书刊、资料夹进入图书室内。阅读完毕后，请将书籍放回书架上，并摆放整齐。

员工要珍惜保护书籍，用书签夹住阅览的页次，不可折页、不可做记号。借阅之图书不可乱画或撕毁。看书时应将书平放在桌上，轻轻地翻页。

公司倡导以交流形式与人分享，提供图书交流的，可借阅五本图书，并随时可提出收回本人图书，图书室将尽快收回图书，归还书主。鼓励捐赠闲置图书，捐赠图书归入图书室。

（三）情景模拟

小汪自己创业，在校园内开了一家奶茶店。炎炎夏日，奶茶店生意颇为兴隆，因此他招聘了几个员工。人多了，事情也多了，员工管理需要加强。假如你是小汪，请拟写一则奶茶店管理规章制度。

任务六　商务信函

一、情境导入

××贸易公司给武汉××进出口有限公司发来一份商函，请求增订一批苹果罐头，但因货源紧张，无法满足客户要求，王经理要业务员李××拟写一份回函，李××很快写好了。

××贸易公司：

×月×日的来信和随信寄来的订单，我们都已经收到了。从来信中我们了解到你们向我们提出增订苹果罐头的要求。真对不起，我们很难答应你们的要求，至少在目前不能向你们提供。但请你们放心，以后如果供应情况改善了的话，我们一定会告诉你们的。

武汉××进出口有限公司

××××年×月×日

李××把这篇回函给经理过目，王经理看后却很不满意，要求重新拟写一份。李××的回函到底存在哪些问题呢？

二、必备知识

（一）概念

商务信函属于函的一种，是专门用于商务工作，与商务对象进行业务联系，洽谈生意，交流信息，磋商问题时所使用的函件。

（二）特点

1. 商务性

商务信函以商业交易为目的，以洽谈生意为内容，以达成交易、做成买卖为最终目的，在写作时常常使用一些商业术语，具有突出的专业性。一函一事，只谈公事，没有个人间的叙事。

2. 单一性

商务信函都是直接或间接地为达成某种经济目的或解决某个问题而制发的，它的行文对象一般只有一个，内容较为精炼，一函一事，结构简单，语言简练、明确，不宜长篇大论。

3. 时效性

商务信函的内容多是需要及时处理的各种具体商务问题，市场情势瞬息万变，商务信函贻误时机就会失去效用，给企事业单位造成经济损失，因此，写作和处理商务信函不能有任何拖延。

（三）种类

商务信函的种类繁多，可从不同的角度划分，这里主要从发函目的和内容进行划分。

1. 联系函

联系函主要用于建立商务关系，企业通过发函联系，向原来未有业务往来的商业企业，介绍自己的经营范围，表示希望合作的意图，从而建立起双方的业务关系。

2. 询答函

询答函包括询问函和答复函两种。询问函是一方向对方询问商品的种类、质量标准和价格等的函件。答复函即针对询问函提出的问题和要求作出答复。

3. 交涉函

交涉函主要针对某个问题进行交涉，以求解决，如索赔函、理赔函及催交付款和装运等。

4. 告知函

告知函主要是指企业拓展新业务、搬迁新址或其他业务变动等。

（四）结构

商务信函的内容多种多样，其表达既灵活，又有一定的格式。一般由标题、称呼、正文、附件和落款等组成。

1. 标题

标题写在信笺第一行的居中位置，字体比正文稍大，让收函者一看便知信函主要内容。标题要求用极精炼的语言将信函的主要内容概括出来，以使对方迅速了解商函的主旨。国内有的商务信函直接使用公文式标题，如“关于调整××牌菜刀价格的函”，或者根据发函目的和内容写“索赔函”、“报价信”等；也可以使用能够表达主旨的词语或者短语点明事由，如“事由：建立贸易关系”，这种标题一般在外贸信函中使用。

2. 称呼

写收信人或收信单位的称呼。称呼单独占行，顶格书写，称呼后用冒号。如“××市外贸公司”。写给对方公司负责人或业务员的，则在姓名后加职务名称，或在姓名后加“先生”、“小姐”。外贸信函更为讲究，更注重礼貌，常使用一些雅语敬词，一般采用“××公司××先生台鉴”（“惠鉴”、“雅鉴”或“台览”、“雅览”）等形式。

3. 正文

正文是商务信函的主体部分。

（1）开头部分。初次给对方去函，可以先做自我介绍；有长期合作关系的，可以简述合作情况；双方频繁来往的，可以直截了当说明发函的目的；答复对方来函的，应该先说明对方来函日期和来函事由。

（2）主体部分。这部分阐明洽谈业务的具体意见和解决办法。表达时根据不同的发函目的，或者介绍具体情况，或者告知有关事项，或者说明具体意见，或者提出解决问题的办法，或者针对来函作出答复。要求观点明确，叙述简洁，条理清楚，有理有据。

（3）结束语。结束语一般用一两句简明的语句向对方提出希望和要求。表达时一般语气要恳切，争议索赔时语气要严正。常见的有“贵方如能应承，我方将万分感激”；“希望能有为贵公司效力的机会”；“望贵方届时务必履约，早日发货为要”等。也可用“特此函达”、“候复”、“谢谢”等作结。结束语后面常用“谨祝台安”、“谨祝商安”、“谨祝财安”、“顺颂商祺”等祝颂语表示问候、祝愿、赞美之意。

4. 附件

商函常有附件，如报价单、产品介绍或说明书、订购合同、发货通知单、产品质量检验书等。有附件的，要在祝颂语下方写明附件的标题、份数。

5. 落款

落款包括署名和日期，签名要写发函单位或个人的全称，日期要写全年、月、日，一般要求大写，并加盖印章。

三、例文评析

【例文一】

询　问　函

××公司销售部：

×月×日，我们参加了在××市举行的轻工产品博览会，对贵厂生产的××牌箱包留下了深刻印象。回到湖北后，我公司市场、技术等方面的人员对我们带回的样品进行了研究，一致认为××牌箱包用料考究，样式新颖，做工精细，在湖北市场会有很好的销路。

为此，我们竭诚希望与贵方建立直接供销关系，可否由贵方直接向我公司批发供货，或由我方为贵方代销。如贵方有意，我方派员前往洽谈，有关事宜，待贵方答复后再进行商议。祈盼回复。

××公司

××××年×月×日

评析：例文一是主动去函建立业务联系的函，也是一封询问函。开头简述了了解对方公司的途径，随后提出己方的要求，直接阐明要购买的货物，最后用结束语表达期待对方的回复的愿望。态度真诚友好，语言流畅自然，层次分明。

【例文二】

答复函

××公司：

贵公司×月×日来函收悉。十分感谢贵公司对我产品的信任。

贵公司要求建立业务关系的建议，从长远看有助于我方开拓中部市场，打开产品销路，在此谨致谢忱。但是我厂××牌箱包，正处于试生产阶段，尚未形成规模，至今年八月，××牌箱包批量生产后，我方定会与贵公司联系，就建立业务关系问题作出答复。在此谨致歉意。

××公司销售部

××××年×月×日

评析：例文二是对例文一的复函，开头引述对方来函，以及对对方的感谢，主体部分回复对方建立商业关系的请求，表述清晰。

【例文三】

订货函

××商务公司：

感谢贵方3月2日的来函及寄来的安全阀报价单。我方对贵方的产品质量及类型均感满意。如贵方目前有现货并能以下列价格成交的话，我方愿意订购下列产品：

产品名称	数量（个）	型号	价格（元）
安全阀	50	F100	30元/个
安全阀	40	F222	20元/个
配件	20	F435	10元/个

希望这些产品能有较好的市场销路，将来可以向你们继续订货。我们通常是以信用证的方式付款，我们的银行是中国人民银行浙江分行。

专此函达，务希见复。

此致

敬礼！

××贸易公司

××××年×月×日

（例文选自孙连杰主编：《新编高职应用文写作》，武汉理工大学出版社2010年版，第279页；略有改动）

评析：这既是一封订货函，又是一封具有回复性质的信函。主体部分对所订货物分条列项一一写明，显得条理清晰，表述准确。

【例文四】

拒不履约索赔函

××公司：

关于合约的××号沙滩鞋600箱，按规定应于×月×日前装运。将要到期时我方曾先后两次发函催促，未见办理。考虑你方一时困难，而且一向履约情况较好，我方才同意推迟装运时间，但不能超过两星期。函中还一再提请你方注意，沙滩鞋的销售是受季节影响的，推迟太长时间，对你方不利，但至今你方仍置之不理，我们对此深表遗憾。货物积压仓库，已给我公司带来了很大的损失。为此我方不得不撤销合约，并按合约规定向你方提出赔偿仓租××美元，保险费××美元，共计××美元。特此函达，希予办理。

××鞋帽公司

××××年×月×日

（例文选自 http://wenku. baidu. com/view/c50db30116fc700abb68fc3e. html，发布者：ruanlulu0）

评析：这是一封索赔函。函中首先说明产品的名称，明确所涉及的交易，然后陈述出现了什么失误，接着阐述了由此造成的影响和后果，最后依据合同约定提出赔偿要求。内容有理有据，措辞得体，态度平和，结构完整。

四、注意事项

1. 主题集中，观点明确

商业信函是为开展某项商业业务而写的，具有明显的目标。信文内容应紧紧围绕主题展开，不要涉及无关紧要的事情；也不必像私人一般信函那样，写入问候、寒暄一类词语。向对方提出的问题要明确，回答对方的询问也要有针对性。

2. 内容完整、行文简洁

商务信函一般是一事一文。所谓完整，就是要将一事写完整，即信函的目的、要商洽的事项等交代清楚。所谓简洁，是指篇幅简短、表达简练，不含糊、不冗长。

3. 态度诚恳、用语讲究

商务信函要注意文明礼貌、态度友好，以创造友好协商的气氛，即使意见有分歧，也要耐心磋商，以理服人，以求保持良好关系，不致损害以后的买卖来往。商业信函的语气要平和，不得用命令或变相威胁的语气，要做到不卑不亢。用词要准确，不要用一些晦涩的或容易引起歧义的词语。用词不当或不准确，常常会使对方引起误解。

五、技能实训

（一）文种评析

阅读下面的信函，指出其问题所在，并写一封格式规范、语言简练、内容完整的回绝提前付运订货的信函。

××公司：

你方8月12日的来信和100台冰箱的订单已经收到，要求早日交付你方订货。在收到你方上次来信之后，我们立即与厂方联系，但由于他们的大量订单还没有交货，所以你方订单不能提前付运。为了解决你方要求，我们正和他处生产厂家联系，若有好消息，即快速告之。

（二）写作实训

请根据以下材料，以北京××药材进出口公司的名义，向韩国××公司拟写一封建立商务联系的函。

韩国××公司曾多次向北京××药材进出口公司表示拟进口中成药的意向，但由于种种原因，北京××药材进出口公司未能供货。近年来，由于中成药生产厂家深化改革，提高了生产效率，生产能力大为增加，已经完全可以满足韩方公司的需要，具备定期供货的能力，为使其产品更加适销对路，北京××药材进出口公司拟请韩方公司派人前来洽谈建立商务联系有关事宜。

（三）拓展训练

商务信函用词准确练达，措辞稳重得体，有其特定的典雅风格，常使用一些仍有生命力的文言词汇。请用现代汉语解释下列商业信函常用语：

收悉　面洽　歉难　赓即　承蒙　径向　业经　函达

（四）情景模拟

步云（化名）鞋业试图进入×市市场，需要在当地媒体进行广告宣传。经了解，《××晚报》在当地有较大读者群，步云鞋业向该报广告部索要广告报价表后，向报社提出报价较高，希望能在原价格基础上降低10%，并表示愿意长期合作。报社广告部负责人经研究提出，如能至少购买一年的广告量则可以接受步云鞋业提出的价格。

请根据以上介绍的情况，分析在这个过程中，需要写哪些类别的商务信函？怎样来写？

任务七　产品说明书

一、情境导入

何××半夜发起高烧，需要吃退烧药。何妈妈匆忙到药店买了退烧药，回到家却犯了愁，该给何××吃多少呢？原来，药品说明书上没有明确标出用法、用量，只是指出每片药含有效成分0.125g，人体每千克服30~50mg。何妈妈花了好半天时间也没弄清楚到底该给女儿服用几片，她只得出门再去药店询问。

随着社会与科技的发展，产品说明书的作用越来越重要。产品的设计者通常不可能与用户直接交流，只有通过产品的生产者为用户提供产品的使用说明，即产品说明书来介绍产品。无论是高科技产品还是生活的消费品，无不借助于产品说明书来向人们展示它的用途和特点。如果某项产品问世后没有说明书，或说明得不准确、不清晰，用户就无法了解和使用。不利于对产品进行推广。产品说明书写作得好不好，将直接影响到产品的生产与效益。产品说明书的写作要求设身处地地为用户考虑周到。不同类型的产品，用户对其说明书有不同的阅读需要。如药物的产品说明书，药品的用法用量对用户来说是十分重要的，应表述清晰。此外，产品说明书要照顾到多数人的需要，应具有一定的普适性，这就要求语言准确、通俗、简洁。

二、必备知识

（一）概念

产品说明书是对产品的性能、特点、规格、型号、技术参数、维修方法、使用方法及注意事项等进行介绍和说明，指导用户消费的文书。

（二）特点

1. 实用性

产品说明书以说明为主要表达方式。详细、客观、真实地介绍产品的性能、特点、用途、使用方法、维护保养等，使消费者能对照说明书会使用、会维修。

2. 科学性

产品说明书必须写得准确、科学。对有关知识、原理的介绍要恪守科学性，不能夸大其词。特别是药品说明，如果稍有不科学之处，就可能产生严重的后果。

3. 条理性

对产品的性能、用途、特点和内容应逐条予以说明，做到条理清楚，次序分明。

4. 简明性

产品说明书要写得简洁明白，尽量通俗一些，方便用户理解。

5. 灵活性

产品说明书没有固定的格式，表达形式可以采用文字式，也可以图文并茂。

（三）格式

1. 标题

一般是由产品名称加上“说明书”三字构成，如《六神花露水说明书》。有些说明书侧重介绍使用方法，称为使用说明书，如《紫光扫描仪使用说明》。

2. 正文

通常要求详细、深入地介绍产品的有关事项，如产地、原料、功能、特点、原理、规格、使用方法、注意事项、维修保养等知识。

不同的产品说明书应根据产品的特点、功能在内容上有所侧重。有的产品容易损坏，其说明书的内容就要侧重于如何避免意外情况的发生；有的产品用法比较复杂，说明书在内容上就要侧重于使用方法；有的产品应注意保养，其说明书的内容就要侧重于保养和维护方法的介绍；对于易变质的产品，其说明书的内容应侧重于介绍产品如何存放等。对于关系到生命财产安全、操作安装使用方法复杂、有特殊要求的产品，则要具备详细而齐全的说明书。

3. 附文

附文一般包括企业名称、地址、电话、邮编、电子邮箱、传真、生产日期、标准代号等。

三、例文评析

【例文一】

××牌排风扇说明书

我公司生产的××牌百叶窗式排风扇系引进部分进口元件制造而成，具有启动快、风量大、噪音低、耗电少、使用寿命长等优点，连续运行5000小时以上质量仍然保证。百叶窗叶在电机通电5秒钟内能自动张开，断电源后即自动关闭，起到防尘、防水作用。

规格型号及技术数据

型号	风叶直径	使用电压（V）	频率（Hz）	最小风量（米3/分）	最大转速（转/分）	最大输入功率（W）
FV200	200mm（8″）	200~240	50	8	1250	28
FV250	250mm（10″）	200~240	50	13	1200	37
FV300	300mm（12″）	200~240	50	21	900	60

安装

将塑胶面壳向上拉出卸下，用木螺钉将后壳固定于预先装好的木框内（木框尺寸如图示，图略），然后装回面壳即可。

使用与保养

1. 扇叶必须对准电机轴定位位置方能旋紧固定。扇叶螺母顺时针方向拧紧。
2. 切忌碰压及随意改变风扇叶角度。
3. 黄绿色电线为接地线，应良好接地。
4. 排除阻碍扇叶转动的异物才能启动风扇。
5. 电机前后壳均有加油小孔（最接近电机轴位置的小孔）应定期加数滴润滑油，以延长使用寿命。
6. 塑料面板、风叶、前盖可拆下用棉花或软布蘸肥皂水或洗洁精清洗。切勿用汽油或其他对塑料有腐蚀的液体。

（例文选自张健主编：《应用写作》，高等教育出版社2005年版，第303页；略有改动）

评析：这篇产品说明书在写作时侧重介绍产品的安装，让消费者在阅读完说明书后能熟练掌握产品安装技巧，确保安全使用产品。另外，为方便消费者阅读，上述产品说明插入表格作说明，让消费者清楚地了解到产品的性能和规格，以便使用时不会违反其规格操作，延长产品使用寿命。指导性强、侧重点明确。

【例文一】

×××感冒颗粒

请仔细阅读×××感冒颗粒说明书并按照说明使用或在药师指导下购买和使用。

【药品名称】

通用名称：×××感冒颗粒　汉语拼音：×××Ganmao Keli

【成　　分】

三叉苦、金盏银盘、野菊花、岗梅、咖啡因、对乙酰氨基酚、马来酸氯苯那敏、薄荷油。辅料为蔗糖粉。

【性　　状】×××感冒颗粒为棕色的颗粒；味甜、微苦。

【功能主治】×××感冒颗粒解热镇痛。用于感冒引起的头痛、发热、鼻塞、流涕、咽痛。

【规　　格】每袋重 10 克（含对乙酰氨基酚 0.2 克）

【用法用量】开水冲服，一次 10 克（1 袋），一日 3 次。

【不良反应】

偶见皮疹、荨麻疹、药热及粒细胞减少；可见困倦、嗜睡、口渴、虚弱感；长期大量用药会导致肝肾功能异常。

【禁　　忌】严重肝肾功能不全者禁用。

【注意事项】

1. 忌烟、酒及辛辣、生冷、油腻食物。

2. 不宜在服药期间同时服用滋补性中成药。

3. ×××感冒颗粒含对乙酰氨基酚、马来酸氯苯那敏、咖啡因。服用本品期间不得饮酒或含有酒精的饮料；不能同时服用与本品成分相似的其他抗感冒药；肝、肾功能不全者慎用；膀胱颈梗阻、甲状腺功能亢进、青光眼、高血压和前列腺肥大者慎用；孕妇及哺乳期妇女慎用；服药期间不得驾驶机、车、船，从事高空作业、机械作业及操作精密仪器。

4. 脾胃虚寒，症见腹痛、喜暖、泄泻者慎用。

5. 糖尿病患者及有心脏病等慢性病严重者应在医师指导下服用。

6. 儿童、年老体弱者应在医师指导下服用。

7. 服药 3 天后症状无改善，或症状加重，或出现新的严重症状如胸闷、心悸等应立即停药，并去医院就诊。

8. 对×××感冒颗粒过敏者禁用，过敏体质者慎用。

9. 本×××感冒颗粒性状发生改变时禁止使用。

10. 儿童必须在成人监护下使用。

11. 请将×××感冒颗粒放在儿童不能接触的地方。

12. 如正在服用其他药品，使用本品前请咨询医师或药师。

【药物相互作用】

1. 与其他解热镇痛药并用，有增加肾毒性的危险。

2. 如×××感冒颗粒与其他药物同时使用可能会发生药物相互作用，详情请咨询医师或药师。

【贮藏】密封

【包装】复合膜；每盒装9袋

【有效期】24个月

【执行标准】国家药典委员会药典业发〔1998〕第115号文件所附质量标准

【批准文号】国药准字××××

【说明书修订日期】2011年5月15日

【生产企业】××医药股份有限公司

（例文选自董小玉主编：《现代应用写作教程》，高等教育出版社2011年版，第225~226页）

评析：这是一份药品说明书。标题采用产品名称加上文种的形式。正文从药品的名称、成分、性状、功能、用法用量写到使用注意事项、保存方法等。分条列项，表述清楚，语言明白易懂，方便消费者了解产品，掌握使用方法。

四、注意事项

（1）内容要实事求是，条理清楚。
（2）语言力求通俗易懂，准确简明。
（3）体现产品的特点，应有侧重点。

五、技能实训

（一）文种评析

阅读下列文字，指出这段说明存在的问题。

液化气炉安全使用说明

液化气炉漏气时怎么办？也许有人会问，为什么好端端的液化气炉会漏气呢？这是产品质量问题嘛！你讲得对，是产品质量问题。尽管本厂产品均经过严格检测，质量合格才准出厂，但是由于种种原因，在用户使用时，仍难免偶有漏气现象。为了进一步提高产品质量，本厂也想了一定的办法。竭诚希望各地用户多提宝贵意见，使本厂产品质量达到新的水平，以满足人民生活的需要。

（二）写作实训

给你创业公司的新产品写一个产品说明书（下列产品任选其一，也可自选其他产品）

饮料

食品

化妆品

××软件

手机

数码相机

（三）拓展训练

搜集一些自己所买商品的产品说明书，仔细阅读，分析其结构及特点。

（四）情景模拟

小张进入公司工作后接到一个任务，给本公司生产的电热杯写产品说明书，他拟稿如下：

电热杯使用说明书

电热杯是一种新型的家用电器。这种电热杯要尽量用热水或者开水煮食物，这样可以节约用电；用电时，闻到胶木的糊味或听到爆炸声时要立即切断电源；先放食物后再通电；如果煮牛奶之类的液体，断电之后要用冷水冲洗，不能马上倒出；食物快熟时立即切断电源，不然就会损坏。

领导看后认为这则说明书写作不规范，让小张进行调整。如果你是小张，该从哪些方面调整、修改？

任务八　广 告 文 案

一、情境导入

李××大学毕业后在某大学旁开了一家中型快餐店。开业两个多月，回头客不少，但是总体上看，生意没有想象中的好。什么原因呢？通过与顾客交谈，李××了解到，她开的这家店装修、服务、饭菜口味都没得挑，就是刚刚开业，位置有点偏，很多人不知道。“看来得打点广告了。”李××这么想着，就赶紧印制了大量传单雇人在周边路口繁华地带派发，花钱在当地最畅销的报纸上打出广告，甚至冠名资助了旁边大学校园里的一个选秀大赛……过了没多久，快餐店的生意一下子火爆起来。李××想，看来酒香也怕巷子深啊，不打广告还真不行呢！

广告对于个人或企业创业有着极大的作用，主要表现在三个方面：一能有效传递经济信息，激发购买欲望，促进购买活动；二能塑造商品、服务或企业的形象，使受众形成较为固定的品牌印象；三能沟通产销，扩大流通渠道，指导受众消费。

二、必备知识

(一) 概念

广告文案是广告作品中用来表达广告主题和创意的全部语言文字。广告文案不等于广告语（标语），也不等于广告文字方案（广告策划文本）或广告正文。一份完整的广告文案一般包括标题、正文、标语、随文四个组成部分。本章重点介绍商业广告文案的写作。

(二) 特点

1. 明确性

广告的主题即广告的中心思想或基本观点必须明确、清晰，而不能模糊、抽象。主题应清晰易懂，主要是考虑到受众的实际需要和接受能力。广告主题一般通过标题直接体现，所以标题要恰如其分地表现主题，使读者一目了然。同时，新颖、独特的标题也可以使主题得到鲜明、深刻的揭示。

2. 针对性

针对性是指广告文案的制作要根据广告内容和广告受众的不同而进行相适应的变化。广告内容不同，则侧重点也不一样，比如服装广告，侧重在款式、质地等方面；食品广告则侧重在营养、口味等方面。广告的根本目的是说服和鼓动特定受众，还应针对受众的特点选用相应的表达内容和表达方式，比如对儿童和老人，对男士和女士，广告的内容和形式应该有区别。

3. 真实性

真实是广告的生命。内容真实的广告经得起时间和实践的检验，真正深入人心，为大众所接受和赞同。内容夸大其词或虚假宣传的广告，其真相一经发现则广告价值立即缩水甚至出现负效应。例如，在宣传一种新产品时，该产品的性质、特点、功用等内容都应该符合实际情况，而不能夸大或虚构。

4. 灵活性

广告文案是实用与艺术的融合，它既具有内容的真实性，又具有表现的艺术性。广告文案的表现方式、手法丰富多彩。在真实的基础上，广告文案的写作可以灵活使用文学作品的一些表现方式和手法，但应选用最佳艺术形式来表现内容。广告文案的文本形式凝聚了设计制作者的智慧的思考。

(三) 格式

一份完整的广告文案由标题、正文、标语和随文四部分组成。

1. 标题

标题体现广告的中心思想，在广告文案中起着统领作用，它一般位于整个广告文案的最前端或其他显著位置，用较大字号书写，要醒目、突出。其作用主要是：概括、提示正文主要内容；吸引读者阅读兴趣；直接推销产品。

广告标题设计形式有新闻式、疑问式、赞美式、祈使式、口号式、暗示式、提醒式等。新闻式标题如美容品牌阿玛尼的广告标题——“乔治·阿玛尼全线登陆中国”；疑问式标题如乐百氏奶的广告标题“今天你喝了没有”；赞美式标题如XO马嗲利的广告标题为“非凡成就——XO马嗲利”，等等。这些形式都各具特色，应根据实际情况具体选用。

标题是否鲜明、突出、新颖、独特，直接关系到读者对整个广告文案的阅读兴趣和效果。“题好一半文。”实践证明，无论是报纸广告、网络广告，还是电视广告、广播广告，绝大多数读者是在对标题一见钟情的情况下为广告所俘获。因此，在制作广告标题时，应充分考虑受众水平和需求，用富于内涵、充满创意、简洁醒目的标题来吸引和引导读者。

2. 正文

正文是广告文案的核心、主体，旨在对广告内容说明、陈述、解释。

正文主要体现广告的目的和内容，它一般有三方面的内容：对标题提出的商品或其他方面加以解释和说明；具体详尽地说明提供商品或其他方面的细节，使人信服，进而产生购买欲望或其他需求上的改变；最后是用热情洋溢的语言、真挚诚恳的态度打动读者。

具体而言，商品广告一般是介绍厂家的历史、生产规模、成就，商品制作工艺，商品的性质、特点、用途、质量、信誉等；劳务广告一般介绍劳务内容、形式、质量、态度等。

作为核心和主体，正文的内容既要求准确、具体，又要求生动、有力，用简洁准确的语言、无可辩驳的事实说服读者，用真诚热情的态度、新颖活泼的形式打动读者。

3. 标语

广告标语即广告语，又称广告词、广告口号，是为了加强公众印象，在广告中长期反复使用的一种简明扼要的口号式语句。广告标语是基于长远的销售利益，向消费者传达一种长期不变的观念。

（1）写作类型。

①形象建树型。树立企业形象，体现服务宗旨，表现出鲜明个性，打出产品知名度。比如劲霸男装的广告语——“专注夹克29年”，为该企业树立了一个足可信赖的专业的形象，企业形象和广告语一起深入人心。

②观念表现型。强调企业精神，体现时代色彩，倡导消费时尚。爱登堡服饰的“男人，简单就好”，凯迪拉克的“敢为天下先”等在突出产品特点的基础上提出了某种观念，潜移默化影响消费者。

③优势展示型。突出产品优势，强化产品利益点，唤起受众购买欲望。比如云南白药创可贴广告语“有药好得更快些”，此广告把云南白药创可贴相较其他品牌创可贴的优势直接展示出来，效果很好。

④号召行动型。用具有强烈号召力的语言，直接推动消费者迅速采取购买行动。例如国外某保险公司采用的广告语是“别犹豫，投靠我们”，很明显其增强了说服或劝诱功能。

⑤情感唤起型。用真挚的情感唤醒和打动消费者，从而激发消费者的购买欲望。例

如哈根达斯的经典广告语是“爱她，就请她吃哈根达斯”，于是，哈根达斯成了许多恋爱中的女孩对男孩的要求之一。华为 Mate 10 Pro 的防水广告中女儿的一句“爸爸你的脸脏了，我给你擦擦脸”则更是让人瞬间飙泪。

（2）创作要求。

①主题突出。广告语是广告正文的高度概括，它所概括的广告主体和信息必须鲜明集中。一条广告语可以选择不同诉求点，即强调的东西不同，但总要突出某一方面。比如“用优学派上名师辅导班”、“怕上火喝王老吉”、“经常用脑，多喝六个核桃”等广告语，主题都非常突出，短短一句广告语就十分精准地展示了产品与众不同的特点、功能或效果，给消费者留下深刻印象。这样的广告语使产品在市场的认可度、识别度大大提升，类似的比如买洗发水，消费者因广告语主题突出而形成了固定印象：飘柔肯定是柔顺，海飞丝肯定是去屑，潘婷是滋养。

②隽永美妙。广告语的语言要隽永美妙、意味深长，或给人以长久的哲理思考，或给人以舒心的情感熨帖，或给人以怡人的美感熏陶，总而言之，要经看耐读。万家乐曾以一字万金的承诺在原广告语“万家乐，乐万家”之后征集五字广告语（共 5 万元），应征来稿雪片般飞来，多达 61 万封之巨，最后是“爱使万家乐”五个字中奖了。为什么呢？完全是语言的功夫：第一，“爱（喜欢）用万家乐产品”；第二，“爱，使得万家欢乐”；第三，“爱死（“使”的谐音”）了万家乐”。美的的“这家伙管得真宽”；《南方周末》的“一纸风行”，美国某宾馆的“与顾客的欲望赛跑”，耐克的“他的球衣已在想是不是要穿你”等也均为隽永美妙之佳作，经受住了时间的检验。

③新颖独特。广告语的表现形式、表现内容都要新颖独特，别出心裁，要尽可能地给受众带来强烈的刺激和震撼，必要时甚至可适当来点惊世骇俗之语，而切忌生搬硬套、落入窠臼。“广州正在吃它”这是一条在广州一发布就轰动的广告词，报纸上这六个大字引发了人们强烈的好奇心，细细一看，才知是金福米业的开业广告，据说促销的效果很棒。“踢开你的经纪人”，这是一句动作感强烈的、意思几近残酷的网络证券商的广告词，可以想见，经纪人见后会勃然大怒或顿生伤感的。

④简明扼要。广告语应抓住重点、简明扼要，其创作可概括为一个“KISS”原则，“Keep it short and sweet”。广告语的句子讲求干脆有力，句式通常比较简短，字数以 6~12 个字（词）为宜，以方便重复、记忆和流传。如海尔集团的广告语“海尔——真诚到永远”，耐克“Just do it”，海飞丝洗发水“头屑去无踪，秀发更出众”等，最少的还有一个词的，比如 IBM 公司的“Think”，都是非常简练的。

⑤通俗易懂。广告语应通俗易懂，使用消费者熟悉的词汇和表达方式，避免生冷词汇和句子。好比有人介绍自己是在宇宙中心设立开放式工厂，从事射频信号交换设备的表面高分子化学处理的，那他到底是干嘛的？其实他是五道口摆地摊做手机贴膜的。西铁城表曾经的一则广告语是“质高款新寰宇颂，国际名表西铁城”，刻意文饰而读来晦涩，成了失败之作；反观雀巢咖啡广告语“味道好极了”，浅白易懂又不失亲切，堪称经典。

⑥朗朗上口。广告语要流畅，朗朗上口，适当讲求语音、语调、音韵搭配等，这样才能可读性强，抓住受众的眼球和受众的心，许多广告语都是讲求押韵的，比如“今

年过节不收礼，收礼只收脑白金”，其实过年和收礼，都是高频的诱因，只要一到过节，就想到送礼，想到送礼，就会勾起这句广告语，当然买不买是另外一回事。“农夫山泉，有点甜”，“好空调，格力造”，“充电五分钟，通话两小时”等，生活中朗朗上口的广告语俯首皆是。

4. 随文

随文是广告中的附加说明，内容一般是商标、品牌、公司名称、地址、邮编、电话、传真、广告批准文件、许可证、经销时间、开户银行及账号、单位负责人或业务联系人姓名等。

随文是对标题、正文、标语内容的证明和补充，能够有效引导目标受众如何联系以进行购买，从而达到广告的最终目的。

广告文案在实际写作时，要与广告发布的媒介特点和具体要求相对应，比如报纸、杂志等印刷广告，一般要求结构完整；电视、广播等广告，一般没有标题；路牌、霓虹灯等户外广告，一般要求文字简练；大众熟知的知名品牌，随文有时会省略。

三、例文评析

【例文一】

英特尔奔腾处理器广告文案

标题：得“芯”应手

正文：一部高效率的超级个人电脑，必须具备一片高性能的快速处理器，才能得“芯”应手地将各种软件功能全面发挥出来。Intel现率先为您展示这项科技成就，隆重推出跨时代的奔腾处理器，它的运算速度是旧型处理器的8倍，能全面缩减等候时间，大大增加您的工作效率。

除此之外，它能与市面上各种电脑软件全面兼容，从最简单的文字处理器到复杂的CD—ROM多媒体技术应用，它均可将这些软件的工作效率发挥得淋漓尽致，而它的售价却物超所值。若想弹指之间完成工作，您的选择必然是奔腾处理器。

英特尔奔腾处理器，给电脑一颗奔驰的“芯”。

（例文选自：http://www.360doc.com/content/07/0417/17/18274_452259.shtml 发布者：lovedsouls）

评析：这篇广告文案内容重点突出，语言流畅生动。其突出特点是修辞手法的恰当使用：标题用了仿词手法，使产品具有了广泛的认知度、接受度，也便于消费者记忆；正文中的“弹指之间完成工作”用夸张手法增强了广告信息的趣味性；正文末句则是利用了“心”的谐音的拟人手法，把处理器拟人化，生动形象，富有趣味，体现了电子产品的人性化。

【例文二】

瑞士欧米茄报纸广告文案

标题：见证历史　把握未来

正文：全新欧米茄碟飞手动上链机械表，备有18K金或不锈钢型号。瑞士生产，始于1848年。对少数人而言，时间不只是分秒的记录，亦是个人成就的佐证。全新欧米茄碟飞手表系列，将传统装饰手表的神韵重新展现，正是显赫成就的象征。碟飞手表于1967年首度面世，其优美典雅的造型与精密科技设计尽显贵族气派，瞬即成为殿堂级的名表典范。时至今日，全新碟飞系列更把这份经典魅力一再提升。流行的圆形外壳，同时流露古典美态；金属表圈设计简洁、高雅大方，灯光映照下，绽放耀目光芒。在转动机件上，碟飞更显工艺精湛。机芯仅2.5毫米薄，内里镶有17颗宝石，配上比黄金罕贵20倍的铑金属，价值非凡，经典时计，浑然天成。全新欧米茄碟飞手表系列，价格由八万至二十余万元不等，不仅为您昭示时间，同时见证您的杰出风范。备具纯白金、18K金镶钻石、18K金，及上乘不锈钢款式，并有相配衬的金属或鳄鱼皮表带以供选择。

广告语：欧米茄——卓越的标志

（例文选自傅宛菊主编：《现代应用文写作》，化学工业出版社2008年版，第167页）

评析：这篇广告文案从欧米茄手表的悠久历史到其优美典雅的造型和精密科技设计，娓娓道来，直入人心。文案重点介绍了全新碟飞系列手表的优美、简洁、高雅、精准、尊贵等特点，并高调宣称欧米茄手表“不仅为您昭示时间，同时见证您的杰出风范”。全文结构严谨，语言流畅，重点突出，针对性强。

【例文三】

苹果公司历代iPhone广告语

初代iPhone：“苹果颠覆了手机行业”（Apple reinvents the phone）和“这仅仅是个开始”（This is only the beginning）。

iPhone 3G：“能够击败初代iPhone的第一款手机”（The first phone to beat the iPhone），或者是“你一直在等待的iPhone”（The iPhone you have been waiting for）。

iPhone 3Gs：“迄今为止最快速的、最强大的iPhone”（The fastest，most powerful iPhone yet）。

iPhone 4：“这再次改变了一切”（This changes everything again）。

iPhone 4s：“迄今为止最惊人的iPhone”（The most amazing iPhone yet）。

iPhone 5：“迄今为止改变最大的iPhone”（The biggest thing to happen to iPhone since iPhone）。

iPhone 5s：“最超前、空前的手机”（Forward thinking）。

iPhone 5c：“丰富多彩”（For the colorful）。

iPhone 6/6 Plus："岂止于大"（Bigger than bigger）。

iPhone 7：iPhone 7，在此。（This is 7.）

（例文选自 https：//wenku. baidu. com，略有改动）

评析：街头幽默广告语或对成语进行改编，或采用夸张、讽刺、对比等手法造成一种幽默效果，读来使人忍俊不禁，同时又给人带来深刻思考和启示。苹果历代 iPhone 广告语则简单直接，各有特点。

四、注意事项

广告文案写作特别需要注意语言，具体来说：

1. 语言要准确规范

只有准确规范的语言才能实现对广告主题和广告创意的有效表现和对广告信息的有效传播，要避免错误、残缺、冷僻、生硬、易产生歧义的语言出现在广告文案中。

2. 语言要简明概括

要用尽可能少的语言传达出尽可能多的信息，有效完成商业宣传和推介，避免长篇大论带来的枯燥和疲倦感。简明概括的语言也有利于受众记诵而形成持久印象。

3. 语言要新颖生动

新颖生动的语言能够激起受众极大的阅读兴趣，引发广泛的联想、想象，从而带来真切的情感体验和引起高度的共鸣。在这样的语言引导下，受众较易被说服和劝导。

4. 语言要动听流畅

朗朗上口、动听、易记、优美、流畅的语言容易被受众接受并牢记于脑海，从而达到信息传播的最佳效果。但也要注意在实际中，不能因过分追求形式而损害内容。

五、技能实训

（一）文种评析

下面是一则交通安全的广告，请从主题、内容、形式、语言等方面加以评析。

阁下驾驶汽车，时速不超过 30 公里，可以欣赏到本市的美丽景色；超过 60 公里，请到法庭作客；超过 80 公里，请光顾本市设备最新的医院！

（二）写作实训

1. 根据所提供的材料，写一则报纸广告文案。要求广告标题、口号、正文、随文格式完整；正文字数不少于 200 字。

××品牌藕粉食用说明：

食用方法：撕开包装袋，把速溶藕粉倒入容器内，一次性加入 90℃左右的开水（藕粉与开水比例为 1∶6），搅拌至透明糊状即可食用。

配料表：莲藕粉（藕粉纯度 100%）

保质期：常温下 12 个月。

净含量：162 克（18 克×9 包）

地址：略

电话：××××××××××××

2. 阅读下列广告词，然后挑选生活中的某件商品，为其撰写一则广告词。

精彩每一天。(雀巢咖啡)

非常可乐，非常选择！(非常可乐)

原来生活可以更美的。(美的空调)

真诚到永远！(海尔电器)

让我们做得更好！(飞利浦电器)

(三) 拓展训练

张某以前是有名的胖子，一米七的个头，体重却一度达到两百多斤，在母亲精心的饮食调配和父亲严格的运动训练下，终于在上大学前的四年内成功将体重减到了一百三十斤左右。某天，一家减肥保健品公司找到学校来，想让张某帮忙做个广告。在广告里张某只用说两句话："喝了××减肥茶，我的体重半年内从两百多斤降到了一百三十斤。××减肥茶，效果就是好！"广告里会配上张某减肥前后的对比照片。张某想着自己可从没喝过这种减肥茶，效果怎样可是不知道，但是对方的五万元广告代言费诱惑太大了，最后他接下了这个广告。

请你根据以上情况分析张某接下的广告存在的问题。

(四) 情景模拟

将全班分成5~7个小组，教师随机选取大家携带的生活、学习用品（如手机、提包、眼镜、中性笔等），让各小组按顺序挑选一种，讨论、制作出一份广告文案。完成之后，每个小组推选一位同学上台宣读。最后由教师点评。

参考文献

[1] 韩晓伟，于长东，钟品妍．应用文写作技能训练［M］．北京：中国农业大学出版社，2011.

[2] 张文英．新编应用文写作教程［M］．天津：南开大学出版社，2010.

[3] 朱琳，刘建强，李会来，张崇婉．大学应用写作教程［M］．北京：首都经济贸易大学出版社，2002.

[4] 孙连杰．新编高职应用文写作［M］．武汉：武汉理工大学出版社，2010.

[5] 吴绪久．实用写作［M］．北京：科学出版社，2005.

[6] 张元忠，杨君碧，简竞成．最新应用文体写作（第二版）［M］．武汉：华中科技大学出版社，2001.

[7] 曹文彬．财经应用文写作［M］．北京：中国商业出版社，2000.

[8] 李佩英．应用写作实训教程［M］．北京：高等教育出版社，2009.

[9] 王利明，房绍坤，王轶．合同法［M］．北京：中国人民大学出版社，2002.

[10] 杨文丰．高职应用写作［M］．北京：高等教育出版社，2010.

[11] 曾昭乐．现代实用写作［M］．广州：中山大学出版社，2011.

[12] 李峻，孙春祥．科技实用写作［M］．北京：高等教育出版社，2004.